一瞬で伝えたいことが言い出せる

ドイツ語会話
550の頻出表現

CD付

CDにはドイツ語と日本語を収録してあるので、聞き流すだけで、スラスラ暗記できる！初心者に最適な一冊！

三修社編集部 編

三修社

はじめに

この「ドイツ語会話55の鉄則訓練」で，"一瞬"で言い出せる会話力が自分のものになる!

★ 相手に伝えたいことを"すっと"言い出せる!

　ドイツ語会話の表現力を効率的につける秘けつは，ドイツ語圏の生活で実際にやり取りされる使用頻度が高いパターンを，最優先にマスターすることです。

　本書の狙いは，「"一瞬"で言いたいことを相手に伝える訓練」を基本から実践することです。

★ 語句を入れ換えるだけで自在に使える!

　ネイティブとのコミュニケーションで使われる頻度の高いドイツ語会話パターン（例えば「～がほしいのですが」/「～したいのですが」/「～を探している」/「～はいかがですか」など）を 55 の鉄則として選び出し、語句を入れ換えるだけで自在に使えるようにしました。

　1つのパターンを覚えれば，何十，何百という表現ができるでしょう。例文はよく使われる日常会話や旅行会話の実際例にしぼってありますから，とっさの場面でも即話できる力がつきます。

★ "聞き流す"学習でドイツ語の語感を体得!

　本書の主なフレーズは日本語とドイツ語が収録されています。電車の中などの空き時間に"聞き流す"学習でドイツ語の語感を体得することも上達を一気に早めます。

　目標は 10 日間、全体を一気に訓練することが上達の秘けつです。

　通勤・通学や家事のすき間時間を活用されて，「ムリ・ムダ」のないドイツ語会話表現をマスターされることを願っています。

■ 本書の効率的な使い方

　本書は 55 の鉄則表現がそれぞれ見開き 2 ページ単位で構成されています。左ページには鉄則表現のポイントと例文の和訳を中心に示し，右ページは鉄則表現の組み立て図解と例文のドイツ語を紹介しています。

　パターンは，ただ黙読するだけでは効果がありません。必ず何度も繰り返して声に出して読みます。たとえ一度身についたと思っている表現でも，放置してしまうと，時間とともに必ず記憶が薄れていきます。記憶を保ち，長期的な記憶に定着させるためには，「繰り返す」ことです。

● 本書付属の CD をとことん活用しましょう！

　付属の CD（日本語とドイツ語を収録）を徹底活用してください。「繰り返し聞く」→「繰り返し声に出す」のリピート練習で，ドイツ語の発音とリズムを体得しましょう。

INHALT

Lektion 1

ドイツ語スッキリ 発音・文法

ドイツ語の発音の特徴をマスター！ 10
- ◆アルファベート　◆発音の基本
- ◆母音の読み方　◆二重母音
- ◆ウムラウト　◆子音の発音

話すためのドイツ語の基本文法をマスター！ 16
- ◆人称代名詞　◆不規則動詞
- ◆名詞の頭文字は大文字　◆冠詞
- ◆冠詞類　◆複数形
- ◆人称代名詞の格変化　◆語順
- ◆副文　◆前置詞　◆助動詞
- ◆分離動詞　◆現在完了形
- ◆過去形　◆形容詞
- ◆比較級，最上級　◆命令形
- ◆再帰代名詞
- ◆英語の it にあたる es

基本単語 40

Lektion 2

55パターンでスッキリ話せるドイツ語

1 「私は～です」.......................... 52
　Ich bin ~.
　イヒ　ビン

2 「私は～ではありません」... 54
　Ich bin kein ~.
　イヒ　ビン　カイン

3 「あなたは～ですか？」.......... 56
　Sind Sie ~?
　ズィント ズィー

4 「私は～（の状態）です」...... 58
　Ich bin + 形容詞 **~.**
　イヒ　ビン

5 「～をお願いします」.............. 60
　~, bitte!
　ビッテ

6 「～してください」.................. 62
　命令文 + **bitte!**
　ビッテ

7　「～がほしいです」……64
　　Ich möchte ＋ 名詞.
　　イヒ　　メヒテ

8　「～をください」……66
　　Ich hätte gern ～.
　　イヒ　ヘッテ　ゲアン

9　「～がしたいです」……68
　　Ich möchte ～ ＋ 不定詞.
　　イヒ　　メヒテ

10　「～したいですか？」……70
　　Möchten Sie ～ ＋ 不定詞？
　　メヒテン　ズィー

11　「（私は）～がしたくない」…72
　　Ich möchte nicht ～ ＋ 不定詞.
　　イヒ　　メヒテ　　ニヒト

12　「私は～するつもりだ」…74
　　Ich will ～ ＋ 不定詞.
　　イヒ　ヴィル

13　「私は～だろう」……76
　　Ich werde ～ ＋ 不定詞.
　　イヒ　ヴェーアデ

14　「私は～を持っている」…78
　　Ich habe ＋ 名詞.
　　イヒ　ハーベ

15　「～はありますか？」……80
　　Haben Sie ＋ 名詞？
　　ハーベン　ズィー

16　「～ありますか？」……82
　　Gibt es ＋ 名詞（4格）？
　　ギープト　エス

17　「～してもいいですか？」…84
　　Darf ich ～ ＋ 不定詞？
　　ダルフ　イヒ

18　「～してもらえますか？」…86
　　Können Sie ～ ＋ 不定詞？
　　ケンネン　ズィー

19　「～していただけますか？」…88
　　Könnten Sie ～ ＋ 不定詞？
　　ケンテン　ズィー

20　「私は～できます」……90
　　Ich kann ～ ＋ 不定詞.
　　イヒ　カン

21　「私は～できますか？」…92
　　Kann ich ～ ＋ 不定詞？
　　カン　イヒ

22　「～できますか？」……94
　　Kann man ～ ＋ 不定詞？
　　カン　マン

INHALT

23 「私は〜しなければなりません」…96
Ich muss ~ + 不定詞 .
イヒ　ムス

24 「〜しなければなりませんか？」…98
Muss ich ~ + 不定詞 ?
ムス　イヒ

25 「〜する必要はありません」…100
Sie müssen nicht ~ + 不定詞 .
ズィー ミュッセン ニヒト

26 「(私は)〜しました」
　　「〜したことがあります」①…102
Ich habe ~ + 過去分詞 .
イヒ　ハーベ

27 「(私は)〜しました」
　　「〜したことがあります」②…104
Ich habe [bin] ~ + 過去分詞 .
イヒ　ハーベ　ビン

28 「〜しましたか？」
　　「〜したことがありますか？」…106
Haben Sie [Sind Sie] ~ + 過去分詞 ?
ハーベン ズィー ズィント ズィー

29 「〜しませんでした」
　　「〜したことがありません」…108
Ich habe [bin] nicht ~ + 過去分詞 .
イヒ ハーベ ビン ニヒト

30 「〜はどこですか？」………110
Wo ist ~?
ヴォー イスト

31 「何？」……………………112
Was + 動詞 ~?
ヴァス

32 「いくら？」………………114
Was kostet ~?
ヴァス　コステット

33 「どうやって〜？」
　　「どんな〜？」………………116
Wie + 動詞 ~?
ヴィー

34 「どうやって〜？」
　　「どのくらい〜？」…………118
Wie lange + 動詞 ~?
ヴィー　ランゲ

35 「どのくらい多く〜？」…120
Wie viel + 動詞 ~?
ヴィー フィール

36 「どんな？」………………122
Was für (ein) + 名詞 ~?
ヴァス フューア アイン

37「だれ？」「だれのもの？」… 124
Wer ＋ 動詞 ~?
ヴェーア

Wem gehört ~?
ヴェーム　ゲヘールト

38「いつ？」………………… 126
Wann ＋ 動詞 ~?
ヴァン

39「なぜ？」………………… 128
Warum ~?
ヴァルム

40「形式主語の es」……… 130
Es ＋ 動詞 ~.
エス

41「これは~です」………… 132
Das ist ~.
ダス　イスト

42「これは~ではありません」… 134
Das ist nicht ~.
ダス　イスト　ニヒト

43「これ／あれは~ですか？」… 136
Ist das ~?
イスト　ダス

44「これは~すぎます」…… 138
Es ist zu ~.
エス　イスト　ツー

45「私は~するのが好きです」… 140
Ich ＋ 動詞 ＋ gern [gerne] ~.
イヒ　　　　　　ゲルン　　ゲルネ

46「~が好きですか？」…… 142
Mögen Sie ＋ 名詞 ?
メーゲン　ズィー

47「(一緒に)~しましょうか？」… 144
Wollen wir ＋ [zusammen] ~?
ヴォレン ヴィーア　　　ツザンメン

48「…より~のほうが好き」… 146
Ich mag lieber ~ als ....
イヒ　マーク　リーバー　　アルス

49症状や体の具合を表すとき… 148
Ich habe ~.
イヒ　ハーベ

50「これが~です」………… 150
Hier ist ~.
ヒーア　イスト

51「私は~を探しています」… 152
Ich suche ~.
イヒ　ズーヘ

INHALT

52「何時何分です」…………154
Es ist ~.
エス イスト

53「(私は)〜にします」……156
Ich nehme ~.
イヒ　ネーメ

54「〜をなくしました」
「〜を置き忘れました」……158
Ich habe ~ verloren [liegen lassen].
イヒ　ハーベ　フェアローレン　リーゲン　ラッセン

55「私は〜だと思います」…160
Ich glaube, ~.
イヒ　グラオベ

Lektion 3

日常生活の基本ショートフレーズ …………163

Lektion 4

入れ替えて使えるドイツ語単語 ……………177

Lektion 1

ドイツ語スッキリ発音・文法

ドイツ語の発音の特徴をマスター！

◆アルファベート　　Alphabet

CD 01

ドイツ語のアルファベットは，次の 30 文字です。

A a [アー]	B b [ベー]	C c [ツェー]	D d [デー]
E e [エー]	F f [エフ]	G g [ゲー]	H h [ハー]
I i [イー]	J j [ヨット]	K k [カー]	L l [エル]
M m [エム]	N n [エン]	O o [オー]	P p [ペー]
Q q [クー]	R r [エル]	S s [エス]	T t [テー]
U u [ウー]	V v [ファオ]	W w [ヴェー]	X x [イクス]
Y y [イプシロン]	Z z [ツェット]		
Ä ä [エー]	Ö ö [エー]＊	Ü ü [ユー]	ß [エスツェット]

＊12 ページのウムラウトの発音を参照。

◆発音の基本

ドイツ語の単語はほぼローマ字読みです。
アクセントは原則として第 1 音節にあります。

Name（名前）
ナーメ

denken（考える）
デンケン

◆母音の読み方

ドイツ語の母音は日本語よりも大きく口を動かして発音します。e や i は唇を横に強く引き，o や u は唇を丸く前に突き出すようにします。

アクセントのある母音は，次の子音が 1 つなら長く，2 つ以上なら短く読みます。

Hut（帽子）
フート

Danke（ありがとう）
ダンケ

leben（生きている）
レーベン

essen（食べる）
エッセン

同じ母音が並ぶと長母音になります。

Tee（紅茶）
テー

Haar（髪）
ハール

母音の次の h は発音せず，前の母音が長母音になります。

Uhr（時計）
ウーア

gehen（行く）
ゲーエン

◆二重母音

ei アイ	**ei**ns（1） アインス	Arb**ei**t（仕事） アルバイト
au アオ	**Au**ge（目） アオゲ	**Au**to（車） アオト
eu äu オイ オイ	**Eu**ro（ユーロ） オイロ	D**eu**tsch（ドイツ語） ドイチュ
	tr**äu**men（夢見る） トロイメン	Kr**äu**ter（ハーブ, 薬草） クロイター
ie イー	B**ie**r（ビール） ビーア	*Ital**ie**n（イタリア） イターリエン
	fl**ie**gen（飛ぶ） フリーゲン	*Famil**ie**（家族） ファミーリエ

＊外来語は［イエ］となる。

◆ウムラウト

ä	K**ä**se（チーズ） ケーゼ	Gep**ä**ck（手荷物） ゲペック
	日本語の［エ］と同じ。	
ö	K**ö**ln（ケルン） ケルン	**Ö**sterreich（オーストリア） エースタライヒ
	［オー］と発音するように唇を丸めて［エ］と発音します。	
ü	f**ü**nf（5） フュンフ	T**ü**r（ドア） テューア
	［ウー］と発音するように唇を丸めて［イ］と発音します。	

◆子音の発音

b d g	**B**ank（銀行） バンク **d**enken（考える） デンケン **G**arten（庭） ガルテン ＊語末では **p, t, k** と同じ発音。	＊hal**b**（半分） ハルプ ＊**Kin**d（子ども） キント ＊Ta**g**（日） ターク
ch	Ba**ch**（小川） バッハ a, o, u, au に続くときは，口の奥で［ハ］，［ホ］と発音。 それ以外は［ヒ］。 i**ch**（私は） イヒ	Bu**ch**（本） ブーフ Mün**ch**en（ミュンヘン） ミュンヒェン
-ig	Kön**ig**（王） ケーニヒ 語末では，［イヒ］という音になります。	ruh**ig**（静かな） ルーイヒ
chs x	se**chs**（6） ゼクス ［クス］と発音します。	Ta**x**i（タクシー） タクスィ
j	**J**apan（日本） ヤーパン 日本語のヤ行の音です。	**j**a（はい） ヤー
pf	A**pf**el（りんご） アプフェル 上の歯を下唇に軽くあてておいてから **p** を発音します。 ［プフ］という音です。	**Pf**erd（馬） プフェーアト
qu	**Qu**elle（泉） クヴェレ ［クヴ］という音です。	**Qu**ittung（領収書） クヴィットゥング

s	**Test** (試験) テスト	**Haus** (家) ハオス
	サ行の音ですが，後ろに母音がくるとザ行の音になります。	
	Salat (サラダ) ザラート	**Reise** (旅行) ライゼ
ss ß	**Wasser** (水) ヴァッサー	**Straße** (通り) シュトラーセ
	音は濁りません。	
sch	**Englisch** (英語) エングリッシュ	**schön** (美しい) シェーン
	［シュ］という音です。英語の *sh* に相当します。	
st sp	**Student** (学生) シュトゥデント	**Post** (郵便局) ポスト
	sprechen (話す) シュプレッヒェン	**Hospital** (病院) ホスピタル
	語頭では［シュトゥ］［シュプ］となります。	
tsch	**Deutsch** (ドイツ語) ドイチュ	**tschüs** (じゃあね) チュス
	［チュ］という音です。	
dt th	**Stadt** (町) シュタット	**Theater** (劇場) テアーター
	t と同じ発音です。	
tz z	**Katze** (ネコ) カッツェ	**Zug** (列車) ツーク
	［ツ］という音です。	

V	**V**ater（父親） ファーター **f** と同じ [フ] という音です。 **V**ideo（ビデオ） ヴィーデオ 外来語では濁ります。	**v**iel（多くの） フィール Kla**v**ier（ピアノ） クラヴィーア
W	**W**agen（車） ヴァーゲン 英語の *v* と同じ［ヴ］という音です。	**W**ein（ワイン） ヴァイン

話すためのドイツ語の基本文法をマスター！

◆人称代名詞

	単数		複数	
1人称	私は	**ich** イヒ	私たちは	**wir** ヴィーア
2人称	君は	**du** ドゥー	君たちは	**ihr** イーア
2人称	あなたは	**Sie** ズィー	あなた方は	**Sie** ズィー
3人称	彼は	**er** エア	彼らは	**sie** ズィー
3人称	彼女は	**sie** ズィー	彼女らは	**sie** ズィー
3人称	それは	**es** エス	それらは	**sie** ズィー

　2人称には2種類あります。**du** は「親称」といい親子や夫婦，同級生や友人，子供と話すときに用います。**Sie** は「敬称」といい，初対面やある程度のへだたりのある相手と話すときに用います（敬語とは異なります）。この **Sie** だけは，常に頭文字を大文字で書き，単数も複数も同じ形です。

● 動詞の変化

　ドイツ語の動詞は人称と単数か複数かによって形が変わります。
　辞書の見出しに載っている形を不定形（不定詞）といいます。不定形は語幹（変化しない部分）と語尾（**-en** あるいは **-n**）からできてい

ます。語尾の部分が，人称と単数か複数かによって形が変わります。

語幹　　＋　　語尾
trinken = trink + en （飲む）

ほとんどの動詞は，語幹に次の語尾をつけます。

	単数			複数	
1人称	私は	**ich** イヒ	**-e**	私たちは	**wir** ヴィーア	**-en**
2人称	君は	**du** ドゥー	**-st**	君たちは	**ihr** イーア	**-t**
	あなたは	**Sie** ズィー	**-en**	あなた方は	**Sie** ズィー	**-en**
3人称	彼は	**er** エア	**-t**	彼らは	**sie** ズィー	**-en**
	彼女は	**sie** ズィー	**-t**	彼女らは	**sie** ズィー	**-en**
	それは	**es** エス	**-t**	それらは	**sie** ズィー	**-en**

● **不規則な例**

発音をしやすくするために，語尾が少し不規則になることがあります。語幹が **t**，**d** などで終わる動詞では，主語が **du**，**er / sie / es** と **ihr** のとき，語尾の前に **e** を加えます。

warten ： du wartest ［ヴァルテスト］
（待つ）　 er wartet ［ヴァルテット］
　　　　　ihr wartet ［ヴァルテット］

また，語幹が **s, ss, ß, z, tz** で終わる動詞では，主語が **du** のとき，語尾は **-st** ではなく，**-t** となります。

reisen: du reist [ライスト]（**-s** が重なるのを避けるため）
（旅行する）

◆不規則動詞

主語が **du** と **er / sie / es** のとき，語幹の母音が変化する動詞があります。次の３パターンです。

① **a → ä**

fahren（乗り物で「行く」）の人称変化
ファーレン

ich イヒ	**fahre** ファーレ	私は（乗り物で）行く
du ドゥー	**fährst** フェーアスト	君は（乗り物で）行く
er エア	**fährt** フェーアト	彼は（乗り物で）行く

② **e → i**

essen（食べる）の人称変化
エッセン

ich イヒ	**esse** エッセ	私は食べる
du ドゥー	**isst** イスト	君は食べる
er エア	**isst** イスト	彼は食べる

③ **e → ie**

lesen（読む）の人称変化
レーゼン

ich	lese	私は読む
イヒ	レーゼ	
du	liest	君は読む
ドゥー	リースト	
er	liest	彼は読む
エア	リースト	

●次の3つの動詞は最重要の不規則動詞です。

	sein ザイン	haben ハーベン	werden ヴェーアデン
ich イヒ	bin ビン	habe ハーベ	werde ヴェーアデ
du ドゥー	bist ビスト	hast ハスト	wirst ヴィルスト
er エア	ist イスト	hat ハット	wird ヴィルト
wir ヴィーア	sind ズィント	haben ハーベン	werden ヴェーアデン
ihr イーア	seid ザイト	habt ハープト	werdet ヴェーアデット
sie / Sie ズィー ズィー	sind ズィント	haben ハーベン	werden ヴェーアデン

　sein は英語の *be* 動詞，**haben** は英語の *have* にあたる動詞です。**werden** は「～になる」を意味する他，未来形や受動態の助動詞として用いられます。

◆名詞の頭文字は大文字

ドイツ語では，固有名詞だけでなく，名詞の頭文字は文中でもすべて大文字で書きます。

Ich trinke Bier. 私はビールを飲む。
イヒ　トリンケ　ビーア

ドイツ語の名詞には「男性名詞」，「女性名詞」，「中性名詞」があります。人間や動物を表す名詞だけでなく，物や事柄を表す名詞も文法上，3つの性に分かれています。本書では，男性名詞は *(m)*，女性名詞は *(f)*，中性名詞は *(n)* と表記しています。

男性名詞 *(m)*
- **Vater**（父親）ファーター
- **Baum**（木）バオム
- **Mut**（勇気）ムート

女性名詞 *(f)*
- **Mutter**（母親）ムッター
- **Brille**（めがね）ブリレ
- **Freiheit**（自由）フライハイト

中性名詞 *(n)*
- **Kind**（子供）キント
- **Buch**（本）ブーフ
- **Leben**（生命）レーベン

◆冠詞

①名詞の性に応じた定冠詞がある

名詞の性（「男性名詞」,「女性名詞」,「中性名詞」）に応じた定冠詞があります。これらは英語の *the* に相当します。複数形では定冠詞は名詞の性を問わずすべて **die** となります。

男性名詞	**der** デア	**Vater** ファーター	（父が）	**der** デア **Tisch** ティッシュ	（机が）
女性名詞	**die** ディー	**Mutter** ムッター	（母が）	**die** ディー **Brille** ブリレ	（めがねが）
中性名詞	**das** ダス	**Kind** キント	（子供が）	**das** ダス **Buch** ブーフ	（本が）
複数形	**die** ディー	**Tische** ティッシェ	（机が）	**die** ディー **Kinder** キンダー	（子供たちが）

②定冠詞の格変化

名詞が文の中で果たす役割を「格」といいます。

ドイツ語には主語になる1格（～が, ～は）, 所有を表す2格（～の）, 間接目的語の3格（～に）, 直接目的語の4格（～を）という4つの格があり, それに応じて冠詞の形が変わります。

	男性	女性	中性	複数
1格 （～が）	der Tisch デア ティッシュ	die Brille ディー ブリレ	das Buch ダス ブーフ	die Kinder ディー キンダー
2格 （～の）	des Tisch**es** デス ティッシュ	der Brille デア ブリレ	des Buch**s** デス ブーフス	der Kinder デア キンダー
3格 （～に）	dem Tisch デム ティッシュ	der Brille デア ブリレ	dem Buch デム ブーフ	den Kinder**n** デン キンダーン
4格 （～を）	den Tisch デン ティッシュ	die Brille ディー ブリレ	das Buch ダス ブーフ	die Kinder ディー キンダー

男性・中性単数2格には **s**，または **es** がつきます。
複数3格には **n** がつきます。

③不定冠詞

初めて出てきた単数名詞には，定冠詞ではなく不定冠詞をつけます。これは英語の *a* に相当します。

④不定冠詞の格変化

不定冠詞も性と格に応じて形が変わります。

	男性	女性	中性	複数
1格 (〜が)	**ein** アイン	**eine** アイネ	**ein** アイン	−
2格 (〜の)	**eines** アイネス	**einer** アイナー	**eines** アイネス	−
3格 (〜に)	**einem** アイネム	**einer** アイナー	**einem** アイネム	−
4格 (〜を)	**einen** アイネン	**eine** アイネ	**ein** アイン	−

◆冠詞類

①定冠詞類

冠詞とよく似たはたらきをする語を「冠詞類」といいます。冠詞類のなかで定冠詞と似た変化をするものを「定冠詞類」と呼びます。定冠詞類には次のようなものがあります。

dieser（この）ディーザー　　**welcher**（どの）ヴェルヒャー　　**jeder**（おのおのの）イェーダー

aller（すべての）アラー　　**solcher**（そのような）ゾルヒャー　　**mancher**（かなりの）マンヒャー

dieser（この）の変化

	男性	女性	中性	複数
1格 （～が）	**dieser** ディーザー	**diese** ディーゼ	**dieses** ディーゼス	**diese** ディーゼ
2格 （～の）	**dieses** ディーゼス	**dieser** ディーザー	**dieses** ディーゼス	**dieser** ディーザー
3格 （～に）	**diesem** ディーゼム	**dieser** ディーザー	**diesem** ディーゼム	**diesen** ディーゼン
4格 （～を）	**diesen** ディーゼン	**diese** ディーゼ	**dieses** ディーゼス	**diese** ディーゼ

②不定冠詞類

　冠詞類のうち，不定冠詞と同じような変化をするものを「不定冠詞類」と呼びます。不定冠詞類には所有冠詞と否定冠詞 **kein**〔カイン〕（ひとつも…ない）があります。

所有冠詞

　所有冠詞は「私の」や「あなたの」のように所有を表します。英語の *my* や *your* に当たります。

mein（私の）
マイン

dein（君の）
ダイン

Ihr（あなたの）
イーア

sein（彼の）
ザイン

ihr（彼女の）
イーア

sein（それの）
ザイン

unser（私たちの）
ウンザー

euer（君たちの）
オイアー

Ihr（あなたたちの）
イーア

ihr（彼／彼女たちの）
イーア

mein（私の）の変化

	男性	女性	中性	複数
1格 （〜が）	**mein** マイン	**meine** マイネ	**mein** マイン	**meine** マイネ
2格 （〜の）	**meines** マイネス	**meiner** マイナー	**meines** マイネス	**meiner** マイナー
3格 （〜に）	**meinem** マイネム	**meiner** マイナー	**meinem** マイネム	**meinen** マイネン
4格 （〜を）	**meinen** マイネン	**meine** マイネ	**mein** マイン	**meine** マイネ

不定冠詞と同じ語尾がつきます（否定冠詞 **kein** も同じ変化をします）。ただし，複数は定冠詞と同じ語尾がつきます。

◆複数形

複数形の語尾のつけ方は5種類あります。複数形には性の区別がなく，定冠詞はすべて **die** です。

	単数形	複数形
無語尾型	**der Kuchen** デア　クーヘン **der Vater** デア　ファーター	**die Kuchen**（ケーキ） ディー　クーヘン **die Väter**（父親） ディー　フェーター
e型	**der Tisch** デア　ティッシュ **der Stuhl** デア　シュトゥール	**die Tische**（机） ディー　ティッシェ **die Stühle**（イス） ディー　シュテューレ

er型	das Kind ダス キント	die Kinder（子供） ディー キンダー
	das Haus ダス ハオス	die Häuser（家） ディー ホイザー
(e)n型	die Uhr ディー ウーア	die Uhren（時計） ディー ウーレン
	die Tasche ディー タッシェ	die Taschen（バッグ） ディー タッシェン
s型	das Hotel ダス ホテル	die Hotels（ホテル） ディー ホテルス
	die Kamera ディー カメラ	die Kameras（カメラ） ディー カメラス

　無語尾型，e型，er型のa, o, uにはウムラウト（¨）をつけるものが多くあります。無語尾型，e型，er型の3格には複数形にnをつけます。

◆人称代名詞の格変化

　人称代名詞は次のように格変化します（2格はほとんど使わないため省略します）。

	私	君	あなた	彼	彼女	それ	私たち	君たち	彼ら
1格 (〜が)	ich イヒ	du ドゥー	Sie ズィー	er エア	sie ズィー	es エス	wir ヴィーア	ihr イーア	sie ズィー
3格 (〜に)	mir ミーア	dir ディーア	Ihnen イーネン	ihm イーム	ihr イーア	ihm イーム	uns ウンス	euch オイヒ	ihnen イーネン
4格 (〜を)	mich ミヒ	dich ディヒ	Sie ズィー	ihn イーン	sie ズィー	es エス	uns ウンス	euch オイヒ	sie ズィー

◆語順

①平叙文

動詞は必ず2番目に置きます。

Ich fahre heute nach Wien.
イヒ　ファーレ　ホイテ　ナーハ　ヴィーン
（私は今日ウィーンに行きます）

この原則を守れば，主語以外の語を文頭に置いてもかまいません。

Heute fahre ich nach Wien.
ホイテ　ファーレ　イヒ　ナーハ　ヴィーン
（今日，私はウィーンに行きます）

②疑問文

主語と動詞をひっくり返します。

Sie sind Japanerin.　　**Sind Sie Japanerin?**
ズィー　ズィント　ヤパーネリン　　ズィント　ズィー　ヤパーネリン
（あなたは日本人女性です）　（あなたは日本人女性ですか？）

疑問詞のある疑問文は，**疑問詞を始めに，動詞を2番目**に置きます。

　　疑問詞　　　動詞
Woher kommen Sie?
ヴォヘーア　コンメン　ズィー
（どちらの出身ですか？）

◆副文

従属接続詞や疑問詞ではじまる副文では，動詞は最後に置かれます。

Ich komme aus Japan.
イヒ　コンメ　アオス　ヤーパン
（私は日本から来ました）

┌──主文──┐ ┌────副文────┐
Wissen Sie, dass ich aus Japan komme?
ヴィッセン　ズィー　ダス　イヒ　アオス　ヤーパン　コンメ

（私が日本から来たことをあなたは知っていますか？）

　　　　　　　　　＊**dass** は「〜ということ」という従属接続詞。

┌──主文──┐ ┌───副文───┐
Wissen Sie, woher ich komme?
ヴィッセン　ズィー　ヴォヘーア　イヒ　コンメ

（私がどこから来たかあなたは知っていますか？）

　　　　　　　　　＊**woher** は「どこから」という疑問詞。

「知りません」と否定するときは否定することがらの前に **nicht**〔ニヒト〕を置きます。

Ich weiß nicht, dass Sie aus Japan kommen.
イヒ　ヴァイス　ニヒト　ダス　ズィー　アオス　ヤーパン　コンメン

（私は…を知りません）

副文を作る主な従属接続詞

als　　（〜した時）　　　　**wenn**　　（もし〜なら）
アルス　　　　　　　　　　　ヴェン

bis　　（〜するまで）　　　**da, weil**　（〜なので）
ビス　　　　　　　　　　　　ダー　ヴァイル

dass　（〜ということ）　　**ob**　　　（〜かどうか）
ダス　　　　　　　　　　　　オプ

obwohl （〜にもかかわらず）**nachdem** （〜した後で）
オプヴォール　　　　　　　　ナーハデーム

während（〜する間）
ヴェーレント

◆前置詞

前置詞はそれぞれ決まった格と結びついて使われます。これを「前置詞の格支配」といいます。

2格支配	**wegen**（〜のゆえに）ヴェーゲン	**trotz**（〜にもかかわらず）トロッツ
	während（〜の間に）ヴェーレント	
3格支配	**aus**（〜の中から）アオス	**bei**（〜のところで）バイ
	mit（〜とともに）ミット	**nach**（〜の後で，〜へ）ナーハ
	seit（〜以来）ザイト	**von**（〜から，〜の）フォン
	zu（〜へ）ツー	
4格支配	**durch**（〜を通って）ドゥルヒ	**für**（〜のために）フューア
	gegen（〜に逆らって）ゲーゲン	**ohne**（〜なしで）オーネ
	um（〜の回りに）ウム	
3・4格支配	**an**（〜の際）アン	**auf**（〜の上）アオフ
	hinter（〜の後ろ）ヒンター	**in**（〜の中）イン
	neben（〜の隣）ネーベン	**über**（〜の上方）ユーバー
	unter（〜の下）ウンター	**vor**（〜の前）フォーア
	zwischen（〜の間）ツヴィッシェン	

3・4格支配の9つの前置詞は，行為や状態の場所を示すときは3格，ある場所に向かって運動を示すときは4格と結びつきます。

Das Buch liegt auf dem Tisch. → 3格
ダス　ブーフ　リークト　アオフ　デム　ティッシュ
（本が机の上にある）

Ich lege das Buch auf den Tisch. → 4格
イヒ　レーゲ　ダス　ブーフ　アオフ　デン　ティッシュ
（私は本を机の上に置く）

◆助動詞

　英語の *can* や *must* などにあたり，「〜できる」「〜しなければならない」など，文にさまざまなニュアンスを付け加えます。

dürfen（〜してもよい）
デュルフェン

können（〜できる）
ケンネン

müssen（〜しなければならない）
ミュッセン

sollen（〜するべきだ）
ゾレン

wollen（〜するつもりだ）
ヴォレン

mögen（〜かもしれない，〜が好きである）
メーゲン

（**möchte**（〜したい））
メヒテ

助動詞は主語に応じて次の表のように変化します。

	dürfen デュルフェン	können ケンネン	müsen ミュッセン	sollen ゾレン
ich イヒ	darf ダルフ	kann カン	muss ムス	soll ゾル
du ドゥー	darfst ダルフスト	kannst カンスト	musst ムスト	sollst ゾルスト
er / sie / es エア ズィー エス	darf ダルフ	kann カン	muss ムス	soll ゾル
wir ヴィーア	dürfen デュルフェン	können ケンネン	müssen ミュッセン	sollen ゾレン
ihr イーア	dürft デュルフト	könnt ケント	müsst ミュスト	sollt ゾルト
sie / Sie ズィー ズィー	dürfen デュルフェン	können ケンネン	müssen ミュッセン	sollen ゾレン

	wollen ヴォレン	mögen メーゲン	(möchte) メヒテ	
ich イヒ	will ヴィル	mag マーク	möchte メヒテ	
du ドゥー	willst ヴィルスト	magst マークスト	möchtest メヒテスト	
er / sie / es エア ズィー エス	will ヴィル	mag マーク	möchte メヒテ	
wir ヴィーア	wollen ヴォレン	mögen メーゲン	möchten メヒテン	
ihr イーア	wollt ヴォルト	mögt メークト	möchtet メヒテット	
sie / Sie ズィー ズィー	wollen ヴォレン	mögen メーゲン	möchten メヒテン	

助動詞のある文は次のような構造です。

主語　　助動詞　　……　　不定詞（動詞の原形）

Ich　kann　Deutsch　sprechen.
イヒ　カン　ドイチュ　シュプレッヒェン

（私はドイツ語を話すことができます）

◆分離動詞

文の中で2つの部分に分けて使われる動詞を分離動詞と言います。

auf|stehen（起きる） → **Ich stehe auf.**
アオフシュテーエン　　　　　　イヒ　シュテーエ　アオフ
　　　　　　　　　　　　　　　（私は起きます）

an|rufen（電話する） → **Ich rufe sie an.**
アンルーフェン　　　　　　　　イヒ　ルーフェ　ズィー　アン
　　　　　　　　　　　　　　　（私は彼女に電話をかけます）

◆現在完了形

ドイツ語では，話し言葉で過去のことを表現するには主に「現在完了形」を用います。

大部分の動詞は **haben** + 過去分詞で完了形をつくります。

Ich habe Wein getrunken.
イヒ　ハーベ　ヴァイン　ゲトルンケン
（私はワインを飲みました）

少数ですが **sein** + 過去分詞でつくるものもあります。場所の移動や状態の変化を表す動詞は **sein** で完了形をつくります。

Ich bin nach München gefahren.
イヒ　ビン　ナーハ　ミュンヒェン　ゲファーレン
（私はミュンヒェンに行きました）

過去分詞が文末に置かれることに注意してください。この点が英語とは異なります。

過去分詞の作り方

■規則動詞　　**ge** +語幹+ **t**

machen（〜する）→ **ge** + **mach** + **t** → **gemacht**
マッヘン　　　　　　　　　　　　　　　　　　　　ゲマハト

■不規則動詞　**ge** +語幹+ **en**
　　　　　　　〈母音が変化〉

trinken（飲む）→ **ge** + **trunk**+**en** → **getrunken**
トリンケン　　　　　　　　　　　　　　　　　　　ゲトルンケン

■分離動詞　　前つづり+ **ge** +語幹 + **t/en**
　　　　　　　〈不規則動詞の場合は母音が変化〉

aufstehen（起きる）→ **auf** + **ge** + **stand** + **en** → **aufgestanden**
アオフシュテーエン　　　　　　　　　　　　　　　　　　　　　アオフゲシュタンデン

◆過去形

過去のことを表現する際，**sein** が「いる，ある」および **haben** が「持つ」という意味で使われる場合，現在完了形ではなく，主に過去形が使われます。

【現在形】　　**Ich habe ein Auto.**
　　　　　　　イヒ　ハーベ　アイン　アオト
　　　　　　　（私は車を持っています）

【過去形】　　**Ich hatte ein Auto.**
　　　　　　　イヒ　ハッテ　アイン　アオト
　　　　　　　（私は車を持っていました）

【現在形】　　**Ich bin in Tokio.**
　　　　　　　イヒ　ビン　イン　トーキオ
　　　　　　　（私は東京にいます）

【過去形】　　**Ich war in Tokio.**
　　　　　　　イヒ　ヴァール　イン　トーキオ
　　　　　　　（私は東京にいました）

sein と haben の過去人称変化

sein の過去は **war** を，**haben** の過去は **hatte** を基本形とし，次のように人称変化語尾をつけます。

ich イヒ	war ヴァール	hatte ハッテ
du ドゥー	war**st** ヴァールスト	hatte**st** ハッテスト
er / sie / es エア ズィー エス	war ヴァール	hatte ハッテ
wir ヴィーア	war**en** ヴァーレン	hatte**n** ハッテン
ihr イーア	war**t** ヴァールト	hatte**t** ハッテット
sie / Sie ズィー ズィー	war**en** ヴァーレン	hatte**n** ハッテン

◆形容詞

　名詞を修飾するとき，形容詞には，名詞の性，数，格によって決まった語尾がつきます。

冠詞類がつかない場合（形容詞＋名詞）

	男性 （熱いコーヒー）	女性 （冷たい牛乳）	中性 （おいしいビール）	複数 （青い花）
1格	heiß**er** Kaffee ハイサー　カフェー	kalt**e** Milch カルテ　ミルヒ	gut**es** Bier グーテス　ビーア	blau**e** Blumen ブラオエ　ブルーメン
2格	heiß**en** Kaffees ハイセン　カフェース	kalt**er** Milch カルター　ミルヒ	gut**en** Biers グーテン　ビーアス	blau**er** Blumen ブラオアー　ブルーメン
3格	heiß**em** Kaffee ハイセム　カフェー	kalt**er** Milch カルター　ミルヒ	gut**em** Bier グーテム　ビーア	blau**en** Blumen ブラオエン　ブルーメン
4格	heiß**en** Kaffee ハイセン　カフェー	kalt**e** Milch カルテ　ミルヒ	gut**es** Bier グーテス　ビーア	blau**e** Blumen ブラオエ　ブルーメン

冠詞がつかない場合，形容詞に性，数，格を示す語尾がつきます。

der，**dieser** などの冠詞類がつく場合
（定冠詞 or 定冠詞類＋形容詞＋名詞）

男性1格　　　**der　große　Hund**
　　　　　　　デア　グローセ　フント
　　　　　　　（その大きな犬）

女性1・4格　**die　kleine　Katze**
　　　　　　　ディー　クライネ　カッツェ
　　　　　　　（その小さな猫）

中性1・4格　**das　neue　Auto**
　　　　　　　ダス　ノイエ　アオト
　　　　　　　（その新しい車）

形容詞が定冠詞とともに用いられる場合には，定冠詞が性，数，格を示してくれるので，形容詞の語尾はずっと単純になります。男性1格，女性・中性1・4格の語尾が **e** になるほかは，すべて **-en** という語尾がつきます。

ein，mein などの不定冠詞類がつく場合
（不定冠詞 or 不定冠詞類＋形容詞＋名詞）

男性1格　　　**ein　großer　Hund**
　　　　　　　アイン　グローサー　フント
　　　　　　（1匹の大きな犬）

女性1・4格　**eine　kleine　Katze**
　　　　　　　アイネ　クライネ　カッツェ
　　　　　　（1匹の小さな猫）

中性1・4格　**ein　neues　Auto**
　　　　　　　アイン　ノイエス　アオト
　　　　　　（1台の新しい車）

　不定冠詞に語尾のつかない男性1格と中性1・4格には，格をはっきりさせるために形容詞に定冠詞類と同じ語尾がつきます（男性1格は **-er**，中性1・4格は **-es**）。女性1・4格の語尾は **e** になります。その他はすべて **-en** という語尾がつきます。

◆比較級, 最上級

	原級	比較級	最上級
小さい	klein クライン	kleiner クライナー	kleinst クラインスト
古い	alt アルト	älter エルター	ältest エルテスト
よい	gut グート	besser ベッサー	best ベスト
多い	viel フィール	mehr メーア	meist マイスト
近い	nah ナー	näher ネーアー	nächst ネーヒスト

原級の用法 so + 原級 + wie ... 「…と同じくらい〜」

Hans ist so alt wie Peter.
ハンス イスト ゾー アルト ヴィー ペーター

（ハンスはペーターと同い年です）

比較級の用法 比較級 + als ... 「…よりも〜」

Monika ist älter als Peter.
モーニカ イスト エルター アルス ペーター

（モニカはペーターより年上です）

最上級の用法 am 最上級 + en 「最も〜」

Monika ist am ältesten von uns.
モーニカ イスト アム エルテステン フォン ウンス

（モニカは私たちのなかで一番年上です）

名詞を修飾する場合には形容詞に性, 数, 格を示す語尾がつきます。

Wo ist der nächste Bahnhof?
ヴォー イスト デア ネーヒステ バーンホーフ

（一番近い駅はどこですか？）

◆命令形

du に対しては「語幹 +e」，ihr に対しては「現在人称変化形（語幹 +[e]t）」にして ! をつけます。

	warten ヴァルテン （待つ）	sprechen シュプレッヒェン （話す）	sein ザイン （～である）
du に対して	Warte! ヴァルテ	Sprich! シュプリッヒ	Sei ...! ザイ
ihr に対して	Wartet! ヴァルテット	Sprecht! シュプレヒト	Seid ...! ザイト
Sie に対して	Warten Sie! ヴァルテン ズィー	Sprechen Sie! シュプレッヒェン ズィー	Seien Sie ...! ザイエン ズィー

→ e が du と er / sie / es のとき i または ie に変化するタイプの動詞（18ページ参照）は命令形の場合にも同様に変化させます。Sprich! となるのはそのためです。

→ kommen や gehen などの不規則動詞では du に対する命令形は e を省いて Komm! / Geh! とします。

◆再帰代名詞

　主語と同じものを表す代名詞を「再帰代名詞」といいます。英語の *oneself* に相当します。再帰代名詞は 3，4 格のみです。

再帰代名詞の変化

		1人称 **ich** イヒ	2人称 親称 **du** ドゥー	2人称 敬称 **Sie** ズィー	3人称 **er / sie / es** エア ズィー エス
単数	3格	**mir** ミーア	**dir** ディーア	**sich** ズィヒ	**sich** ズィヒ
単数	4格	**mich** ミヒ	**dich** ディヒ	**sich** ズィヒ	**sich** ズィヒ
		wir ヴィーア	**ihr** イーア	**Sie** ズィー	**sie** ズィー
複数	3格	**uns** ウンス	**euch** オイヒ	**sich** ズィヒ	**sich** ズィヒ
複数	4格	**uns** ウンス	**euch** オイヒ	**sich** ズィヒ	**sich** ズィヒ

再帰動詞

再帰代名詞と結びつけて用いられる動詞を「再帰動詞」といいます。

setzen（座らせる）　―　**sich setzen**（自分を座らせる → 座る）
　ゼッツェン　　　　　　　　ズィヒ　ゼッツェン

legen（寝かせる）　―　**sich legen**（自分を寝かせる → 寝る）
　レーゲン　　　　　　　　　ズィヒ　レーゲン

◆英語の it にあたる es

時刻や自然現象を表現するときに，主語の代わりに置かれる「形式主語の **es**」があります。

Es schneit.（雪が降る）
エス　シュナイト

Es regnet.（雨が降る）
エス　レーグネット

Es ist 10 Uhr.（10 時です）
エス　イスト　ツェーン　ウーア

Es wird dunkel.（暗くなる）
エス　ヴィルト　ドゥンケル

Es brennt!（火事だ）
エス　ブレント

Es friert mich.（寒いなあ）
エス　フリーアト　ミヒ

Es hungert mich.（お腹すいたなあ）
エス　フンガート　ミヒ

基本単語

数【基数】 CD 02

21以上の数字は，1の位を先にいいます。「21」は「1と20」です。「95」は「5と90」です。「と」は「**und**（ウント）」といいます。また「1」は［アインス］と「ス」が付きますが，21，31，41などの場合は，**eins** の **s** は省略します。

0	**null** ヌル	11	**elf** エルフ
1	**eins** アインス	12	**zwölf** ツヴェルフ
2	**zwei** ツヴァイ	13	**dreizehn** ドライツェーン
3	**drei** ドライ	14	**vierzehn** フィルツェーン
4	**vier** フィーア	15	**fünfzehn** フュンフツェーン
5	**fünf** フュンフ	16	**sechzehn** ゼヒツェーン
6	**sechs** ゼクス	17	**siebzehn** ズィープツェーン
7	**sieben** ズィーベン	18	**achtzehn** アハツェーン
8	**acht** アハト	19	**neunzehn** ノインツェーン
9	**neun** ノイン	20	**zwanzig** ツヴァンツィヒ
10	**zehn** ツェーン	21	**einundzwanzig** アインウントツヴァンツィヒ

22	**zweiundzwanzig**　ツヴァイウントツヴァンツィヒ	80	**achtzig**　アハツィヒ
23	**dreiundzwanzig**　ドライウントツヴァンツィヒ	90	**neunzig**　ノインツィヒ
24	**vierundzwanzig**　フィーアウントツヴァンツィヒ	100	**hundert**　フンダート
25	**fünfundzwanzig**　フュンフウントツヴァンツィヒ	101	**hunderteins**　フンダートアインス
26	**sechsundzwanzig**　ゼックスウントツヴァンツィヒ	200	**zweihundert**　ツヴァイフンダート
27	**siebenundzwanzig**　ズィーベンウントツヴァンツィヒ	1 000	**tausend**　タオゼント
28	**achtundzwanzig**　アハトウントツヴァンツィヒ	10 000	**zehntausend**　ツェーンタオゼント
29	**neunundzwanzig**　ノインウントツヴァンツィヒ	100 000	**hunderttausend**　フンダートタオゼント
30	**dreißig**　ドライスィヒ		
40	**vierzig**　フィルツィヒ		
50	**fünfzig**　フュンフツィヒ		
60	**sechzig**　ゼヒツィヒ		
70	**siebzig**　ズィープツィヒ		

基本単語

数【序数】 CD 03

序数は 19. 以下では「基数＋**t**」、20. 以上では「基数＋**st**」となります。
例外は，1. 3. 7. 8. です。
序数をアラビア数字で書くときには，数字の後ろに（ **.** ）プンクト（ピリオド）を打ちます。序数の印です。

1.	**erst** エーアスト	12.	**zwölft** ツヴェルフト
2.	**zweit** ツヴァイト	13.	**dreizehnt** ドライツェーント
3.	**dritt** ドリット	14.	**vierzehnt** フィルツェーント
4.	**viert** フィーアト	15.	**fünfzehnt** フュンフツェーント
5.	**fünft** フュンフト	16.	**sechzehnt** ゼヒツェーント
6.	**sechst** ゼクスト	17.	**siebzehnt** ズィープツェーント
7.	**siebt** ズィープト	18.	**achtzehnt** アハツェーント
8.	**acht** アハト	19.	**neunzehnt** ノインツェーント
9.	**neunt** ノイント	20.	**zwanzigst** ツヴァンツィヒスト
10.	**zehnt** ツェーント	21.	**einundzwanzigst** アインウントツヴァンツィヒスト
11.	**elft** エルフト		

年・月　CD 04

今年	**dieses Jahr** ディーゼス　ヤール
来年	**nächstes Jahr** ネーヒステス　ヤール
昨年	**letztes Jahr** レッツテス　ヤール
今月	**diesen Monat** ディーゼン　モーナト
来月	**nächsten Monat** ネーヒステン　モーナト
先月	**letzten Monat** レッツテン　モーナト

1月	**Januar** ヤヌアール
2月	**Februar** フェーブルアール
3月	**März** メルツ
4月	**April** アプリル
5月	**Mai** マイ
6月	**Juni** ユーニ
7月	**Juli** ユーリ
8月	**August** アオグスト
9月	**September** ゼプテンバー
10月	**Oktober** オクトーバー
11月	**November** ノヴェンバー
12月	**Dezember** デツェンバー

基本単語

曜日 CD 05

月	**Montag** モンターク		昨日	**gestern Abend** ゲスターン　アーベント
火	**Dienstag** ディーンスターク		昨夜	**gestern Nacht** ゲスターン　ナハト
水	**Mittwoch** ミットヴォッホ		一昨日	**vorgestern** フォアゲスターン
木	**Donnerstag** ドナースターク		朝に	**morgens** モルゲンス
金	**Freitag** フライターク		昼に	**mittags** ミッタークス
土	**Samstag** ザムスターク		晩に	**abends** アーベンツ
日	**Sonntag** ゾンターク		夜に	**nachts** ナハツ

「日曜日に」は **am** を付けて，
am Sonntag [アム ゾンターク]
といいます。
土曜日は北の方では
Sonnabend [ゾンアーベント]
といいます。

			今週	**diese Woche** ディーゼ　ヴォッヘ
昨日	**gestern** ゲスターン		来週	**nächste Woche** ネーヒステ　ヴォッヘ
今日	**heute** ホイテ		先週	**letzte Woche** レッツテ　ヴォッヘ
明日	**morgen** モルゲン			

季節 `CD 06`

季節	**Jahreszeit**	ヤーレスツァイト
春	**Frühling**	フリューリング
夏	**Sommer**	ゾマー
秋	**Herbst**	ヘルプスト
冬	**Winter**	ヴィンター
「春に」	**im Frühling**	イム フリューリング

方角・方向 `CD 07`

北	**Norden**	ノルデン
南	**Süden**	ズューデン
東	**Osten**	オステン
西	**Westen**	ヴェステン
「北に」	**nach Norden**	ナーハ ノルデン
右	**rechts**	レヒツ
左	**links**	リンクス
ここ	**hier**	ヒーア
あそこ	**dort**	ドルト
～の上に	**über**	ユーバー
～の下に	**unter**	ウンター
～の前に	**vor**	フォーア
～へ，～の後で	**nach**	ナーハ
～の横に	**neben**	ネーベン
～と…の間に	**zwischen**	ツヴィッシェン
「右に」	**nach rechts**	ナーハ レヒツ
「テーブルの上に」	**über den Tisch**	ユーバー デン ティッシュ

基本単語

家族 **CD 08**

それぞれの単語の後にある，*(m)* は男性名詞，*(f)* は女性名詞，*(n)* は中性名詞，*(pl)* は複数名詞を表わします。

家族	**Familie** *(f)* ファミーリエ	おじ	**Onkel** *(m)* オンケル
夫婦	**Ehepaar** *(n)* エーエパール	おば	**Tante** *(f)* タンテ
夫	**Mann** *(m)* マン	おい	**Neffe** *(m)* ネッフェ
妻	**Frau** *(f)* フラオ	めい	**Nichte** *(f)* ニヒテ
父	**Vater** *(m)* ファーター	いとこ	**Vetter** *(m)* フェッター
母	**Mutter** *(f)* ムッター	（男の）いとこ	**Cousin** *(m)* クゼーン
両親	**Eltern** *(pl)* エルターン	（女の）いとこ	**Cousine** *(f)* クズィーネ
子供	**Kind** *(n)* キント	祖父	**Großvater** *(m)* グロースファーター
息子	**Sohn** *(m)* ゾーン	祖母	**Großmutter** *(f)* グロースムッター
娘	**Tochter** *(f)* トホター	孫	**Enkelkind** *(n)* エンケルキント
兄・弟	**Bruder** *(m)* ブルーダー		
姉・妹	**Schwester** *(f)* シュヴェスター		

英語などと同じく，ドイツ語でもふつう兄弟，姉妹を年上か年下かで区別しません。男性なら兄でも弟でも **Bruder**，女性なら姉も妹も **Schwester** です。
　「ご兄弟がいますか？」とたずねる場合は，男女の区別のない **Geschwister** を用います。

Haben Sie Geschwister? （兄弟姉妹はいらっしゃいますか？）
ハーベン ズィー ゲシュヴィスター

体の部位 CD 09

髪	**Haar** (n) ハール	あご	**Kinn** (n) キン
顔	**Gesicht** (n) ゲズィヒト	のど	**Kehle** (f) ケーレ
頭	**Kopf** (m) コプフ	首	**Hals** (m) ハルス
額	**Stirn** (f) シュティルン	肩	**Schulter** (f) シュルター
耳	**Ohr** (n) オーア	腕	**Arm** (m) アルム
まゆ毛	**Augenbraue** (f) アオゲンブラオエ	ひじ	**Ellbogen** (m) エルボーゲン
目	**Auge** (n) アオゲ	手	**Hand** (f) ハント
鼻	**Nase** (f) ナーゼ	指	**Finger** (m) フィンガー
口	**Mund** (m) ムント	背中	**Rücken** (m) リュッケン
歯	**Zahn** (m) ツァーン	胸	**Brust** (f) ブルスト

基本単語

色 CD 10

腰	**Hüfte** (f) ヒュフテ
腹	**Bauch** (m) バオホ
ひざ	**Knie** (n) クニー
脚	**Bein** (n) バイン
足	**Fuß** (m) フース
唇	**Lippe** (f) リッペ
舌	**Zunge** (f) ツンゲ
爪	**Nagel** (m) ナーゲル
へそ	**Nabel** (m) ナーベル
尻	**Gesäß** (n) ゲゼース
もも	**Oberschenkel** (m) オーバーシェンケル

色	**Farbe** ファルベ
白い	**weiß** ヴァイス
黒い	**schwarz** シュヴァルツ
赤い	**rot** ロート
黄色い	**gelb** ゲルプ
茶色い	**braun** ブラオン
緑の	**grün** グリューン
青い	**blau** ブラオ
グレーの	**grau** グラオ
ベージュの	**beige** ベージュ
ピンクの	**rosa** ローザ
紫の	**violett** ヴィオレット
オレンジの	**orange** オラーンジェ

職業 CD 11

会社員	**Angestellter** アンゲシュテルター	（女性）	**Rentnerin** レントネリン
（女性）	**Angestellte** アンゲシュテルテ	男子生徒	**Schüler** シューラー
薬剤師	**Apotheker** アポテーカー	女子生徒	**Schülerin** シューレリン
（女性）	**Apothekerin** アポテーケリン	店員	**Verkäufer** フェアコイファー
農夫	**Bauer** バウアー	（女性）	**Verkäuferin** フェアコイフェリン
農婦	**Bäuerin** ボイエリン	医師	**Arzt** アーツト
エンジニア	**Ingenieur** インジェニエーア	（女性）	**Ärztin** エアツティン
（女性）	**Ingenieurin** インジェニエーリン	公務員	**Beamter** ベアムター
ウェイター	**Kellner** ケルナー	（女性）	**Beamtin** ベアムティン
ウェイトレス	**Kellnerin** ケルネリン	学生	**Student** シュトゥデント
教師	**Lehrer** レーラー	（女性）	**Studentin** シュトゥデンティン
（女性）	**Lehrerin** レーレリン	美容師	**Friseur** フリゼーア
年金生活者	**Rentner** レントナー	（女性）	**Friseuse** フリゼーゼ

基本単語

商人	**Kaufmann** カオフマン
（女性）	**Kauffrau** カオフフラウ
看護師	**Krankenpfleger** クランケンプフレーガー
（女性）	**Krankenschwester** クランケンシュヴェスター

国籍　CD 12

日本人	**Japaner** ヤパーナー
（女性）	**Japanerin** ヤパーネリン
ドイツ人	**Deutscher** ドイチャー
（女性）	**Deutsche** ドイチェ
フランス人	**Franzose** フランツォーゼ
（女性）	**Französin** フランツェーズィン
オーストリア人	**Österreicher** エスターライヒャー
（女性）	**Österreicherin** エスターライヒェリン
スイス人	**Schweizer** シュヴァイツァー
（女性）	**Schweizerin** シュヴァイツェリン
中国人	**Chinese** ヒネーゼ
（女性）	**Chinesin** ヒネーズィン
韓国人	**Koreaner** コレアーナー
（女性）	**Koreanerin** コレアーネリン
アメリカ人	**Amerikaner** アメリカーナー
（女性）	**Amerikanerin** アメリカーネリン

Lektion 2

55パターンで
スッキリ話せる
ドイツ語

1

「私は〜です」

Ich bin 〜.
イヒ　ビン

◆自己紹介をするとき

ich は「私は」という意味の人称代名詞。英語の *I* にあたりますが，文頭でないときは小文字で書きます。

bin は英語の be 動詞あたる **sein** [ザィン] という動詞が，主語の **Ich**（私は）に合わせて変化した形です。**Ich bin** のあとには，名前や職業，国籍などが入ります。職業，国籍を言うときは冠詞は付けません。

語句を入れ替えて"とことん"レッスン！

❶ 私は日本人（女性）です。

❷ 私は大学生（女性）です。

❸ 私は旅行者（女性）です。

❹ 私は会社員（女性）です。

❺ 私は主婦です。

❻ 私は30歳です。

❼ 私は公務員（女性）です。

組み立てのポイント

「私は〜です」	+	美容師（女性）

Ich bin
イヒ　ビン

Friseuse. （男性）**Friseur**
フリゼーゼ　　フリゼーア

私は美容師です。

▼対話してみましょう！

あなたは日本人（女性）ですか？
Sind Sie Japanerin?
ズィント　ズィー　ヤパーネリン

はい，私は日本人（女性）です。
Ja, ich bin Japanerin.
ヤー　イヒ　ビン　ヤパーネリン

---

❶ **Ich bin Japanerin.** ➪ 男性形は **Japaner**
イヒ　ビン　ヤパーネリン

❷ **Ich bin Studentin.** ➪ 男性形は **Student**
イヒ　ビン　シュトゥデンティン

❸ **Ich bin Touristin.** ➪ 男性形は **Tourist**
イヒ　ビン　トゥリスティン

❹ **Ich bin Angestellte.** ➪ 男性形は **Angestellter**
イヒ　ビン　アンゲシュテルテ

❺ **Ich bin Hausfrau.**
イヒ　ビン　ハオスフラオ

❻ **Ich bin 30[dreißig](Jahre alt).**
イヒ　ビン　ドライスィヒ　ヤーレ　アルト

❼ **Ich bin Beamtin.** ➪ 男性形は **Beamter**
イヒ　ビン　ベアムティン

2

「私は〜ではありません」

Ich bin kein 〜.
イヒ　ビン　カイン

◆「私は〜ではありません」と否定するとき

「私は学生ではありません」というように，「私は〜ではありません」と否定するときには，**Ich bin** の後に，英語の no や not a に当たる **kein** あるいは **keine** を置いて表現します。

男性名詞を否定するときは **kein**，女性名詞を否定するときは **keine** を使います。

語句を入れ替えて"とことん"レッスン！

❶ 私は生徒（女性）ではありません。

❷ 私は年金生活者（女性）ではありません。

❸ 私は会社員（女性）ではありません。

❹ 私は中国人（女性）ではありません。

❺ 私はエンジニア（女性）ではありません。

❻ 私はドイツ人（女性）ではありません。

❼ 私は韓国人（女性）ではありません。

組み立てのポイント

「私は〜ではありません」	+	教師
↓		↓
Ich bin kein イヒ　ビン　カイン		**Lehrer.** レーラー

私は教師ではありません。

▼対話してみましょう!

あなたは学生ですか？
Sind Sie Student?
ズィント　ズィー　シュトゥデント

いいえ，私は学生ではありません。
Nein, ich bin kein Student.
ナイン　イヒ　ビン　カイン　シュトゥデント

---

❶ **Ich bin keine Schülerin.** ⇒ 男性形は **Schüler**
イヒ　ビン　カイネ　シューレリン　　　　　　　　シューラー

❷ **Ich bin keine Rentnerin.** ⇒ 男性形は **Rentner**
イヒ　ビン　カイネ　レントネリン　　　　　　　　レントナー

❸ **Ich bin keine Angestellte.** ⇒ 男性形は **Angestellter**
イヒ　ビン　カイネ　アンゲシュテルテ　　　　　　アンゲシュテルター

❹ **Ich bin keine Chinesin.** ⇒ 男性形は **Chinese**
イヒ　ビン　カイネ　ヒネーズィン　　　　　　　　ヒネーゼ

❺ **Ich bin keine Ingenieurin.** ⇒ 男性形は **Ingenieur**
イヒ　ビン　カイネ　インジェニエーリン　　　　　インジェニエーア

❻ **Ich bin keine Deutsche.** ⇒ 男性形は **Deutscher**
イヒ　ビン　カイネ　ドイチェ　　　　　　　　　　ドイチャー

❼ **Ich bin keine Koreanerin.** ⇒ 男性形は **Koreaner**
イヒ　ビン　カイネ　コレアーネリン　　　　　　　コレアーナー

3 「あなたは〜ですか？」

CD 15

Sind Sie ~?
ズィント　ズィー

◆相手のことを確認するとき

相手の名前・職業・国籍などをたずねるときには、**Sind Sie ~?** のパターンを用います。疑問文は主語と動詞をひっくり返します。

Sie sind Japanerin. ⇒ **Sind Sie Japanerin?**
ズィー ズィント　ヤパーネリン　　ズィント ズィー　ヤパーネリン
あなたは日本人(女性)です。　あなたは日本人(女性)ですか？

語句を入れ替えて"とことん"レッスン！

❶ あなたは学生ですか？

❷ あなたは中国人（女性）ですか？

❸ あなたは結婚していますか？

❹ あなたは教師ですか？

❺ あなたは会社員ですか？

❻ あなたはオーストリア人ですか？

❼ あなたはエンジニアですか？

組み立てのポイント

| 「あなたは〜ですか？」 | + | 薬剤師 |

Sind Sie
ズィント　ズィー

Apotheker?
アポテーカー

あなたは薬剤師ですか？

▼ 対話してみましょう！

はじめまして。私はカーリンです。
Sehr erfreut. Ich bin Karin.
ゼーア　エアフロイト　イヒ　ビン　カーリン

あなたは日本人（男性）ですか？
Sind Sie Japaner?
ズィント　ズィー　ヤパーナー

---

❶ **Sind Sie Student?**　　➨ 女性形は **Studentin**
ズィント　ズィー　シュトゥデント　　　　シュトゥデンテイン

❷ **Sind Sie Chinesin?**　　➨ 男性形は **Chinese**
ズィント　ズィー　ヒネーズィン　　　　ヒネーゼ

❸ **Sind Sie verheiratet?**
ズィント　ズィー　フェアハイラーテット

❹ **Sind Sie Lehrer?**　　➨ 女性形は **Lehrerin**
ズィント　ズィー　レーラー　　　　レーレリン

❺ **Sind Sie Angestellter?**　　➨ 女性形は **Angestellte**
ズィント　ズィー　アンゲシュテルター　　　　アンゲシュテルテ

❻ **Sind Sie Österreicher?**　　➨ 女性形は **Österreicherin**
ズィント　ズィー　エースタライヒャー　　　　エースタライヒェリン

❼ **Sind Sie Ingenieur?**　　➨ 女性形は **Ingenieurin**
ズィント　ズィー　インジェニエーア　　　　インジェニエーリン

4

「私は〜（の状態）です」

Ich bin + 形容詞 〜.
イヒ　　ビン

◆ **自分が「どんな状態なのか」を言うときの表現**

　Ich bin + 形容詞 〜. は自分が「どんな状態なのか」を説明することができます。ich は「私は」という意味の代名詞。英語の I にあたりますが、文頭でないときは小文字で書きます。bin は英語の am に相当します。

語句を入れ替えて "とことん" レッスン！

❶ 私はうれしいです。

❷ 私は悲しいです。

❸ 私は疲れています。

❹ 私は満腹です。

❺ 私は幸せです。

❻ 私は感動しています。

❼ 私は病気です。

組み立てのポイント

「私は〜（の状態）です」	＋	忙しい
Ich bin イヒ　ビン		**beschäftigt.** ベシェフティヒト

私は忙しいです。

関連表現・事項

□ すばらしい！

Wunderbar!
ヴンダーバール

Fantastisch!
ファンタスティッシュ

□ すごい！

Toll!
トル

Super!
ズーパー

---

❶ **Ich bin froh.**
　イヒ　ビン　フロー

❷ **Ich bin traurig.**
　イヒ　ビン　トラオリヒ

❸ **Ich bin müde.**
　イヒ　ビン　ミューデ

❹ **Ich bin satt.**
　イヒ　ビン　ザット

❺ **Ich bin glücklich.**
　イヒ　ビン　グリュックリヒ

❻ **Ich bin beeindruckt.**
　イヒ　ビン　ベアインドルックト

❼ **Ich bin krank.**
　イヒ　ビン　クランク

5 「〜をお願いします」

~, bitte!
ビッテ

◆相手に何かをお願いするとき

　ほしい物の後に **bitte** [ビッテ] を付けるだけで「〜をお願いします」と伝えることができます。レストランや買い物などの多くの場面で使える便利な表現です。**bitte** は英語の please に相当します。

語句を入れ替えて"とことん"レッスン！

❶ メニューをお願いします。

❷ ローストポークをお願いします（ください）。

❸ ミネラルウォーターを１瓶お願いします（ください）。

❹ マスタード付きでお願いします。

❺ 勘定をお願いします。

❻ １日券をお願いします（ください）。

❼ 国立博物館までお願いします。

組み立てのポイント

| グラスワイン 1 杯 | + | 「〜をお願いします」 |

Ein Glas Wein, **bitte!**
アイン グラース ヴァイン ビッテ

グラスワインを 1 杯お願いします。

▼対話してみましょう!

パスポートを見せてください。
Ihren Pass, bitte!
イーレン パス ビッテ

はい，これです。
Ja, hier.
ヤー ヒーア

---

❶ Eine Speisekarte, bitte!
アイネ シュパイゼカルテ ビッテ

❷ Einen Schweinebraten, bitte!
アイネン シュヴァイネブラーテン ビッテ

❸ Eine Flasche Mineralwasser, bitte!
アイネ フラッシェ ミネラールヴァッサー ビッテ

❹ Mit Senf, bitte!
ミット ゼンフ ビッテ

❺ Die Rechnung, bitte!
ディー レヒヌング ビッテ

❻ Eine Tageskarte, bitte!
アイネ ターゲスカルテ ビッテ

❼ Zum Nationalmuseum, bitte!
ツム ナツィオナールム ゼーウム ビッテ

6

CD 18

「〜してください」

命令文 + bitte!
ビッテ

◆命令形でていねいなお願いするとき

　「ゆっくり話してください」とか「どうぞお入りください」というように，「〜してください」とお願いするときのパターンです。

　命令文（「動詞の不定形＋ **Sie**」）に **bitte** を加えると，ていねいにお願いを伝える言い方になります。

語句を入れ替えて"とことん"レッスン！

❶ ゆっくり話してください。

❷ どうぞお入りください。

❸ どうぞお座りください。

❹ この住所のところまでお願いします。

❺ 警察を呼んでください！

❻ 救急車を呼んでください。

❼ スーツケースを開けてください。

組み立てのポイント

| ここで停める | ＋ | 「〜してください」 |

Halten Sie hier ,**bitte**!
ハルテン　ズィー　ヒーア　　　　　　　　　　ビッテ

ここで停めてください。

▼対話してみましょう!

(地図で) ホテルはどこか示してください。

Zeigen Sie mir bitte, wo das Hotel ist!
ツァイゲン　ズィー　ミーア　ビッテ　ヴォー　ダス　ホテル　イスト

ここです。
Hier.
ヒーア

---

❶ **Sprechen Sie bitte langsam!**
シュプレッヒェン　ズィー　ビッテ　ラングザーム

❷ **Kommen Sie bitte herein!**
コンメン　ズィー　ビッテ　ヘライン

❸ **Nehmen Sie bitte Platz!**
ネーメン　ズィー　ビッテ　プラッツ

❹ **Bringen Sie mich zu dieser Adresse, bitte!**
ブリンゲン　ズィー　ミヒ　ツー　ディーザー　アドレッセ　ビッテ

❺ **Rufen Sie bitte die Polizei!**
ルーフェン　ズィー　ビッテ　ディー　ポリツァイ

❻ **Rufen Sie einen Krankenwagen, bitte!**
ルーフェン　ズィー　アイネン　クランケンヴァーゲン　ビッテ

❼ **Öffnen Sie Ihren Koffer, bitte!**
エフネン　ズィー　イーレン　コッファー　ビッテ

7 「～がほしいです」

CD 19

Ich möchte + 名詞.
イヒ　　メヒテ

◆ 「～がほしい」とていねいに伝えるとき

　Ich möchte の後には、「ほしい物」が入ります。「～を欲する」という文なので名詞を4格にします。

　Ich möchte~ は、~, bitte よりもていねいな表現です。

語句を入れ替えて"とことん"レッスン！

❶ ワインをください。

❷ オレンジジュースがほしいのですが。

❸ 痛み止めをください。

❹ 時刻表をください。

❺ バター付きのパン2個をお願いします。

❻ 入場券を1枚ください。

❼ 静かな部屋がいいのですが。

組み立てのポイント

「〜がほしいのです」 + プログラム

Ich möchte
イヒ　メヒテ

ein Programm.
アイン　プログラム

プログラムがほしいのですが。

Möchten Sie ~?（〜がほしいですか？）

プログラムがほしいのですか？

Möchten Sie ein Programm?
メヒテン　ズィー　アイン　プログラム

お肉がよろしいですか，それとも魚ですか？

Möchten Sie Fleisch oder Fisch?
メヒテン　ズィー　フライシュ　オーダー　フィッシュ

---

❶ **Ich möchte Wein.**
　イヒ　メヒテ　ヴァイン

❷ **Ich möchte Orangensaft.**
　イヒ　メヒテ　オラーンジェンザフト

❸ **Ich möchte ein Schmerzmittel.**
　イヒ　メヒテ　アイン　シュメルツ ミッテル

❹ **Ich möchte einen Fahrplan.**
　イヒ　メヒテ　アイネン　ファールプラーン

❺ **Ich möchte zwei Brötchen mit Butter.**
　イヒ　メヒテ　ツヴァイ　ブレートヒェン　ミット　ブター

❻ **Ich möchte eine Eintrittskarte.**
　イヒ　メヒテ　アイネ　アイントリッツカルテ

❼ **Ich möchte ein ruhiges Zimmer.**
　イヒ　メヒテ　アイン　ルーイゲス　ツィンマー

8 「〜をください」

CD 20

Ich hätte gern ~.
イヒ　　ヘッテ　　ゲアン

◆口調を和らげて「〜をください」と言うとき

　「ケチャップをください」とか「ローストポークをください」と言うように，「〜をください」と表現するときのパターンです。
　gern は「好んで」と言う意味の副詞。
　Ich hätte gern ~. で，口調を和らげて「〜をください」と言うことができます。

語句を入れ替えて"とことん"レッスン！

❶ ケチャップをください。

❷ このボールペンをください。

❸ ローストポークをください。

❹ ミネラルウォーターをください。

❺ 辛口の白ワインをください。

❻ 1ユーロの切手を1枚をください。

❼ アップルジュースをください。

組み立てのポイント

| 「～をください」 | + | 焼きソーセージ |

Ich hätte gern
イヒ　ヘッテ　ゲアン

eine Bratwurst.
アイネ　ブラートヴルスト

焼きソーセージをください。

▼対話してみましょう!

何にしましょうか？
Bitte schön?
ビッテ　シェーン

パン2個とバターをお願いします。
Ich hätte gern zwei Brötchen mit Butter.
イヒ　ヘッテ　ゲアン　ツヴァイ　ブレートヒェン　ミット　ブター

---

❶ **Ich hätte gern Ketchup.**
イヒ　ヘッテ　ゲアン　ケチャップ

❷ **Ich hätte gern diesen Kuli.**
イヒ　ヘッテ　ゲアン　ディーセン　クーリー

❸ **Ich hätte gern einen Schweinebraten.**
イヒ　ヘッテ　ゲアン　アイネン　シュヴァイネブラーテン

❹ **Ich hätte gern eine Flasche Mineralwasser.**
イヒ　ヘッテ　ゲアン　アイネ　フラッシェ　ミネラールヴァッサー

❺ **Ich hätte gern trockenen Weißwein.**
イヒ　ヘッテ　ゲアン　トロッケネン　ヴァイスヴァイン

❻ **Ich hätte gern eine Briefmarke zu einem Euro.**
イヒ　ヘッテ　ゲアン　アイネ　ブリーフマルケ　ツー　アイネム　オイロ

❼ **Ich hätte gern Apfelsaft.**
イヒ　ヘッテ　ゲアン　アプフェルザフト

9

CD 21

「〜がしたいです」

Ich möchte 〜 + 不定詞.
　イヒ　　　メヒテ

◆希望や願望を伝えるとき

　Ich möchte ＋不定詞（動詞の原形）で，「買いたい」「行きたい」「両替えしたい」「見たい」といった希望や願望を伝える表現ができます。

　möchte［メヒテ］は助動詞なので，不定詞（動詞の原形）は文末におきます。その他の要素は，助動詞と不定詞の間に入れます。

語句を入れ替えて "とことん" レッスン！

❶ 映画に行きたいのですが。

❷ オペラを観に行きたいのですが。

❸ コンサートに行きたいのですが。

❹ 道をたずねたいのですが。

❺ おみやげを買いたいのですが。

❻ 両替えをしたいのですが。

❼ 市内観光をしたいのですが。

組み立てのポイント

| 「〜がしたいです」 | + | 何か食べる |

Ich möchte
イヒ　メヒテ

etwas essen.
エトヴァス　エッセン

何か食べたいのですが。

▼ 対話してみましょう!

ここで降りたいのですが。
Ich möchte hier aussteigen.
イヒ　メヒテ　ヒーア　アオスシュタイゲン

わかりました。
Alles klar.
アレス　クラー

---

❶ **Ich möchte** ins Kino gehen.
イヒ　メヒテ　インス　キーノ　ゲーエン

❷ **Ich möchte** in die Oper gehen.
イヒ　メヒテ　イン　ディー　オーパー　ゲーエン

❸ **Ich möchte** ins Konzert gehen.
イヒ　メヒテ　インス　コンツェルト　ゲーエン

❹ **Ich möchte** nach dem Weg fragen.
イヒ　メヒテ　ナーハ　デム　ヴェーク　フラーゲン

❺ **Ich möchte** einige Geschenke kaufen.
イヒ　メヒテ　アイニゲ　ゲシェンケ　カオフェン

❻ **Ich möchte** Geld wechseln.
イヒ　メヒテ　ゲルト　ヴェクセルン

❼ **Ich möchte** eine Stadtrundfahrt machen.
イヒ　メヒテ　アイネ　シュタットルントファート　マッヘン

10 「〜したいですか？」

Möchten Sie 〜 ＋ 不定詞？
メヒテン　　ズィー

◆希望や願望を聞くとき

Möchten Sie ＋不定詞（動詞の原形）**？** で，「買いたいですか？」「両替えしたいですか？」「見たいですか？」など希望や願望を聞くことができます。

möchte は助動詞なので，不定詞（動詞の原形）は文末におきます。その他の要素は，助動詞と不定詞の間に入れます。

語句を入れ替えて"とことん"レッスン！

❶ 円を両替えしたいのですか？

❷ 交換したいのですか？

❸ 市内観光をしたいのですか？

❹ オペラを観に行きたいのですか？

❺ コンサートに行きたいのですか？

❻ 小包に保険をかけたいのですか？

❼ 靴を買いたいのですか？

組み立てのポイント

| 「〜したいですか？」 | + | 道をたずねる |

Möchten Sie nach dem Weg fragen?
メヒテン　ズィー　ナーハ　デム　ヴェーク　フラーゲン

道をたずねたいのですか？

▼ 対話してみましょう！

ベルリンへ行きたいのですか？
Möchten Sie nach Berlin fahren?
メヒテン　ズィー　ナーハ　ベルリーン　ファーレン

はい, ベルリンへ行きたいです。
Ja, ich möchte nach Berlin fahren.
ヤー　イヒ　メヒテ　ナーハ　ベルリーン　ファーレン

---

❶ **Möchten Sie** Yen wechseln?
メヒテン　ズィー　イェン　ヴェクセルン

❷ **Möchten Sie** das umtauschen?
メヒテン　ズィー　ダス　ウムタオシェン

❸ **Möchten Sie** eine Stadtrundfahrt machen?
メヒテン　ズィー　アイネ　シュタットルントファート　マッヘン

❹ **Möchten Sie** in die Oper gehen?
メヒテン　ズィー　イン　ディー　オーパー　ゲーエン

❺ **Möchten Sie** ins Konzert gehen?
メヒテン　ズィー　インス　コンツェルト　ゲーエン

❻ **Möchten Sie** dieses Päckchen versichern?
メヒテン　ズィー　ディーゼス　ペックヒェン　フェアズィッヒャーン

❼ **Möchten Sie** Schuhe kaufen?
メヒテン　ズィー　シューエ　カオフェン

11

「(私は)〜がしたくない」

Ich möchte nicht 〜 ＋ 不定詞.
イヒ　　　メヒテ　　　ニヒト

◆ 「〜がしたくない」とていねいに言うとき

　Ich möchte nicht ＋不定詞（動詞の原形）で，「買いたくない」，「見たくない」といったさまざまな否定の気持ちが表現できます。

　möchte [メヒテ] は助動詞なので，不定詞（動詞の原形）は文末におきます。その他の要素は，助動詞と不定詞の間に入れます。

語句を入れ替えて "とことん" レッスン！

❶ タクシーで行きたくないのですが。

❷ ここでプレゼントを買いたくないのですが。

❸ このバスに乗りたくないのですが。

❹ この薬を飲みたくないのですが。

❺ この車を運転したくないのですが。

❻ そこへ歩いて行きたくないのですが。

❼ 料理がしたくないのですが。

組み立てのポイント

「〜がしたくない」 + ここで食べる

Ich möchte nicht
イヒ　メヒテ　ニヒト

hier essen.
ヒーア　エッセン

ここでは食べたくありません。

▼対話してみましょう!

このレストランで食べたくありません。
Ich möchte nicht in diesem Restaurant essen.
イヒ　メヒテ　ニヒト　イン　ディーゼム　レストラーン　エッセン

わかりました。
Alles klar.
アレス　クラー

---

❶ **Ich möchte nicht mit einem Taxi fahren.**
イヒ　メヒテ　ニヒト　ミット　アイネム　タクスィ　ファーレン

❷ **Ich möchte nicht hier Geschenke kaufen.**
イヒ　メヒテ　ニヒト　ヒーア　ゲシェンケ　カオフェン

❸ **Ich möchte nicht diesen Bus nehmen.**
イヒ　メヒテ　ニヒト　ディーゼン　ブス　ネーメン

❹ **Ich möchte nicht dieses Medikament einnehmen.**
イヒ　メヒテ　ニヒト　ディーゼズ　メディカメント　アインネーメン

❺ **Ich möchte nicht dieses Auto fahren.**
イヒ　メヒテ　ニヒト　ディーゼス　アオト　ファーレン

❻ **Ich möchte dorthin nicht zu Fuß gehen.**
イヒ　メヒテ　ドルトヒン　ニヒト　ツー　フース　ゲーエン

❼ **Ich möchte nicht kochen.**
イヒ　メヒテ　ニヒト　コッヘン

12

CD 24

「私は〜するつもりだ」（意志）

Ich will 〜 ＋ 不定詞．
　　イヒ　　　ヴィル

◆自分の意志をはっきりと伝えるとき

　Ich will 〜 ＋不定詞. は，自分がどうしたいのかをはっきりと伝えるときのパターンです。

　will は助動詞で，「〜するつもりだ」と強い意志を表現します。

［人称変化］　**ich will / du willst / er will / wir wollen /
　　　　　　　ihr wollt / sie wollen**

未来の意味はありません。

語句を入れ替えて"とことん"レッスン！

❶ ドイツ語をもっと学ぶつもりです。

❷ 現金で支払うつもりです。

❸ 両替えをしたいのですが。

❹ 予約をしたいのですが。

❺ おみやげを買いたいのですが。

❻ 市内観光をするつもりです。

❼ オペラを観に行くつもりです。

組み立てのポイント

| 「私は〜するつもりだ」 | + | 映画に行く |

Ich will
イヒ ヴィル

ins Kino gehen.
インス キーノ ゲーエン

映画に行くつもりです。

前置詞の zu (〜へ)

私は歩いて駅へ行くつもりです。

Ich will zu Fuß zum Bahnhof gehen.
イヒ ヴィル ツー フース ツム バーンホーフ ゲーエン

---

❶ **Ich will** weiter Deutsch lernen.
イヒ ヴィル ヴァイター ドイチュ レルネン

❷ **Ich will** bar bezahlen.
イヒ ヴィル バー ベツァーレン

❸ **Ich will** Geld wechseln.
イヒ ヴィル ゲルト ヴェクセルン

❹ **Ich will** gern reservieren.
イヒ ヴィル ゲアン レゼルヴィーレン

❺ **Ich will** einige Geschenke kaufen.
イヒ ヴィル アイニゲ ゲシェンケ カオフェン

❻ **Ich will** eine Stadtrundfahrt machen.
イヒ ヴィル アイネ シュタットルントファート マッヘン

❼ **Ich will** in die Oper gehen.
イヒ ヴィル イン ディー オーパー ゲーエン

13

「私は〜だろう」

Ich werde 〜 + 不定詞．
   イヒ　　ヴェーアデ

◆推量・未来のことを言うとき

werden が動詞（文末に不定形で置かれる）とともに用いられると，「〜だろう」という推量や未来を表す意味になります。

「彼はおそらく病気なのだろう」とか「後でもう一度電話するつもりです」と言うときの表現です。

［人称変化］　ich werde / du wirst / er wird / wir werden /
　　　　　　　 ihr werdet / sie werden

語句を入れ替えて"とことん"レッスン！

❶ 明日は雨になるだろう。

❷ 明日は雪が降りそうです。

❸ 後でもう一度電話するつもりです。

❹ 彼女はじきに来るでしょう。

❺ 明日コンサートに行くつもりです。

❻ 彼はおそらく病気なのだろう。

❼ 私たちは何時に戻りますか？

組み立てのポイント

| 「(私は) 〜だろう」 | + | この数週間のことは決して忘れない |

Ich werde die Wochen nie vergessen!
イヒ　ヴェーァデ　ディー　ヴォッヘン　ニー　フェア**ゲ**ッセン

この数週間のことは決して忘れません。

▼対話してみましょう!

何日滞在の予定ですか?

Wie lange werden Sie sich hier aufhalten?
ヴィー　ランゲ　ヴェーァデン　ズィー　ズィヒ　ヒーア　**ア**オフハルテン

私は5日間ここに滞在するつもりです。

Fünf Tage werde ich mich hier aufhalten.
フュンフ　ターゲ　ヴェーァデ　イヒ　ミヒ　ヒーア　**ア**オフハルテン

---

❶ Es wird morgen regnen.
エス　ヴィルト　モルゲン　**レ**ーグネン

❷ Es wird morgen schneien.
エス　ヴィルト　モルゲン　シュ**ナ**イエン

❸ Ich werde später noch einmal anrufen.
イヒ　ヴェーァデ　シュペーター　ノホ　**ア**インマール　**ア**ンルーフェン

❹ Sie wird bald kommen.
ズィー　ヴィルト　バルト　**コ**ンメン

❺ Ich werde morgen ins Konzert gehen.
イヒ　ヴェーァデ　モルゲン　インス　コン**ツェ**アト　**ゲ**ーエン

❻ Er wird wohl krank sein.
エア　ヴィルト　ヴォール　ク**ラ**ンク　ザイン

❼ Wann werden wir zurück sein?
ヴァン　ヴェーァデン　ヴィーア　ツ**リュ**ック　ザイン

77

14

CD 26

「私は〜を持っている」

Ich habe + 名詞.
イヒ　　ハーベ

◆「所有している」ことを言うとき

持っているといっても〈物〉だけでなく，食欲や予約などのように目に見えないものを言うときにも使える便利なパターンです。

haben は「〜を持っている」という意味。英語の have に相当します。人称によってまったく形が変わるので，注意しましょう。

[人称変化]　ich habe / du hast / er hat / wir haben /
　　　　　　ihr habt / sie haben

語句を入れ替えて "とことん" レッスン！

❶ 困ったことがあるのですが。

❷ 旅行傷害保険に入っています。

❸ いい知らせがあります。

❹ 携帯電話を持っています。

❺ 私は現金を持っています。

❻ 私は辞書を持っています。

❼ 自分の家を持っています。

組み立てのポイント

| 「私は〜を持っている」 | + | 1人の姉 |

Ich habe
イヒ ハーベ

eine ältere Schwester.
アイネ エルテレ シュヴェスター

姉が1人います。

▼ 対話してみましょう!

お子さんはいますか？
Haben Sie Kinder?
ハーベン ズィー キンダー

子供が2人います。
Ich habe zwei Kinder.
イヒ ハーベ ツヴァイ キンダー

---

❶ **Ich habe Schwierigkeiten.**
イヒ ハーベ シュヴィーリッヒカイテン

❷ **Ich habe eine Reiseversicherung.**
イヒ ハーベ アイネ ライゼ フェアズィッヒェルング

❸ **Ich habe eine gute Nachricht.**
イヒ ハーベ アイネ グーテ ナハリヒト

❹ **Ich habe ein Handy.**
イヒ ハーベ アイン ヘンディ

❺ **Ich habe Bargeld.**
イヒ ハーベ バーゲルト

❻ **Ich habe ein Wörterbuch.**
イヒ ハーベ アイン ヴェルターブーフ

❼ **Ich habe mein eigenes Haus.**
イヒ ハーベ マイン アイゲネス ハオス

15

「〜はありますか？」

CD 27

Haben Sie + 名詞？
ハーベン　　　ズィー

◆「あるかどうか？」をたずねるとき

　「〜がありますか？」とか「〜を持っていますか？」という表現が，このHaben Sie + 名詞？のパターンです。探している物やほしい物があるかどうか，また，「時間はあるかどうか」をたずねるときなど幅広く使えるパターンです。

語句を入れ替えて"とことん"レッスン！

❶ 携帯電話はお持ちですか？

❷ バスの路線図はありますか？

❸ まだ空部屋はありますか？

❹ もう少し安いのはありますか？

❺ 何か冷たいものはありますか？

❻ 英語のパンフレットはありますか？

❼ もっと小さいのはありますか？

組み立てのポイント

「〜はありますか？」	＋	薬
↓		↓
Haben Sie ハーベン　ズィー		**Medikamente?** メディカ**メ**ンテ

薬はありますか？

▼ 対話してみましょう！

お時間はありますか？
Haben Sie Zeit?
ハーベン　ズィー　ツァイト

はい，あります。
Ja, ich habe Zeit.
ヤー　イヒ　ハーベ　ツァイト

---

❶ Haben Sie ein Handy?
　ハーベン　ズィー　アイン　ヘンディ

❷ Haben Sie einen Buslinienplan?
　ハーベン　ズィー　アイネン　ブスリーニェン プラーン

❸ Haben Sie noch ein Zimmer frei?
　ハーベン　ズィー　ノッホ　アイン　ツィンマー　フライ

❹ Haben Sie etwas Billigeres?
　ハーベン　ズィー　エトヴァス　ビリゲレス

❺ Haben Sie etwas Kaltes?
　ハーベン　ズィー　エトヴァス　カルテス

❻ Haben Sie einen englischen Prospekt?
　ハーベン　ズィー　アイネン　エングリッシェン　プロスペクト

❼ Haben Sie etwas Kleineres?
　ハーベン　ズィー　エトヴァス　クライネレス

81

16 「〜ありますか？」

Gibt es ＋ 名詞（4格）?
ギープト　エス

◆ものや人が「〜ありますか？」と聞くとき

「博物館がありますか？」とか「何か目印はありますか？」というように，不特定のものや人について「〜がありますか？」「〜がいますか？」と聞くときのパターンです。

英語の Is[Are] there~? にあたる表現です。

語句を入れ替えて "とことん" レッスン！

❶ ここに博物館がありますか？

❷ 日本語のわかるお医者さんはいますか？

❸ 何か目印はありますか？

❹ このあたりに市場はありますか？

❺ 市内観光バスはありますか？

❻ ここにトイレはありますか？

❼ この近くに居酒屋はありますか？

組み立てのポイント

「〜ありますか？」 + この近くに免税店

Gibt es hier in der Nähe ein zollfreies Geschäft?
ギープト エス ヒーア イン デア ネーエ アイン ツォルフライエス ゲシェフト

この近くに免税店はありますか？

▼対話してみましょう！

この近くに病院はありますか？
Gibt es hier in der Nähe ein Krankenhaus?
ギープト エス ヒーア イン デア ネーエ アイン クランケンハオス

そこを右です。
Da rechts.
ダー レヒツ

---

❶ **Gibt es hier ein Museum?**
ギープト エス ヒーア アイン ムゼーウム

❷ **Gibt es einen Arzt, der Japanisch spricht?**
ギープト エス アイネン アールツト デア ヤパーニッシュ シュプリヒト

❸ **Gibt es einen Orientierungspunkt?**
ギープト エス アイネン オリエンティールングスプンクト

❹ **Gibt es hier in der Nähe einen Markt?**
ギープト エス ヒーア イン デア ネーエ アイネン マルクト

❺ **Gibt es Stadtrundfahrtbusse?**
ギープト エス シュタットルントファールトブッセ

❻ **Gibt es hier eine Toilette?**
ギープト エス ヒーア アイネ トアレッテ

❼ **Gibt es hier in der Nähe eine Kneipe?**
ギープト エス ヒーア イン デア ネーエ アイネ クナイペ

17

「〜してもいいですか？」

Darf ich 〜 + 不定詞?
ダルフ　　イヒ

◆許可を求めるとき

　Darf ich 〜 +不定詞（動詞の原形）? で「〜してもいいですか？」と自分の行動の許可を相手に求めることができます。

　darf は助動詞なので，不定詞（動詞の原形）は文末におきます。その他の要素は助動詞と不定詞の間に入れます。

語句を入れ替えて"とことん"レッスン！

❶ 写真を撮ってもいいですか？

❷ これを食べてもいいですか？

❸ ちょっと話しかけてもいいですか？

❹ 質問してもいいですか？

❺ たばこを吸ってもいいですか？

❻ 窓を開けてもいいですか？

❼ この電話を使ってもいいですか？

組み立てのポイント

| 「してももいいですか？」 | ＋ | 今あなたのところへ行く |

Darf ich **jetzt zu Ihnen gehen?**
ダルフ　イヒ　　　イェッツト　ツー　　イーネン　　ゲーエン

今あなたのところへ行ってもいいですか？

▼対話してみましょう！

シートを倒してもいいですか？
Darf ich meinen Sitz zurücklehnen?
ダルフ　イヒ　　マイネン　　ズィッツ　　ツリュックレーネン

はい，どうぞ。
Ja, bitte.
ヤー　ビッテ

---

❶ **Darf ich fotografieren?**
　ダルフ　イヒ　　フォトグラフィーレン

❷ **Darf ich das essen?**
　ダルフ　イヒ　ダス　エッセン

❸ **Darf ich Sie kurz stören?**
　ダルフ　イヒ　ジィー　クァツ　シュテーレン

❹ **Darf ich fragen?**
　ダルフ　イヒ　フラーゲン

❺ **Darf ich rauchen?**
　ダルフ　イヒ　ラオヘン

❻ **Darf ich das Fenster aufmachen?**
　ダルフ　イヒ　ダス　フェンスター　アオフマッヘン

❼ **Darf ich das Telefon benutzen?**
　ダルフ　イヒ　ダス　テレフォーン　ベヌッツェン

18

「～してもらえますか？」

CD 30

Können Sie ～ + 不定詞?
ケンネン　　　ズィー

◆人に何かを依頼するとき

Können Sie~ + 不定詞（動詞の原形）? は「両替していただけますか？」とか「見せていただけますか？」というように，「～してもらえますか？」と頼みごとをするときのパターンです。

Können [ケンネン] は「～できる」という意味。 英語の can に相当します。**Können** は助動詞なので，不定詞（動詞の原形）は文末におきます。

語句を入れ替えて"とことん"レッスン！

❶ 両替してもらえますか？

❷ それを見せてもらえますか？

❸ シャツをクリーニングしてもらえますか？

❹ 私のスーツケースを持ってきてもらえますか？

❺ もう一度言ってもらえますか？

❻ タクシーを呼んでもらえますか？

❼ これを修理してもらえますか？

組み立てのポイント

「〜してもらえますか？」 + 手伝う

Können Sie
ケンネン　ズィー

mir helfen?
ミーア　ヘルフェン

手伝ってもらえますか？

▼ 対話してみましょう！

紙に書いてもらえますか？
Können Sie es mir aufschreiben?
ケンネン　ズィー　エス　ミーア　アオフシュラインベン

はい。
Ja, gern.
ヤー　ゲルン

---

❶ **Können Sie Geld wechseln?**
ケンネン　ズィー　ゲルト　ヴェクセルン

❷ **Können Sie mir das zeigen?**
ケンネン　ズィー　ミーア　ダス　ツァイゲン

❸ **Können Sie das Hemd reinigen?**
ケンネン　ズィー　ダス　ヘムト　ライニゲン

❹ **Können Sie mir meinen Koffer bringen?**
ケンネン　ズィー　ミーア　マイネン　コッファー　ブリンゲン

❺ **Können Sie das noch einmal sagen?**
ケンネン　ズィー　ダス　ノッホ　アインマール　ザーゲン

❻ **Können Sie ein Taxi rufen?**
ケンネン　ズィー　アイン　タクスィ　ルーフェン

❼ **Können Sie das reparieren?**
ケンネン　ズィー　ダス　レパリーレン

19

「〜していただけますか？」

Könnten Sie 〜 ＋ 不定詞?
　　ケンテン　　　ズィー

◆控えめで丁重な依頼をするとき

　Könnten Sie 〜 ＋不定詞（動詞の原形）? は，「よろしければ〜してくれませんか？」と控えめに相手に頼みごと（依頼）をするときのパターンです。

　könnten［ケンテン］は助動詞なので，不定詞（動詞の原形）は文末におきます。その他の要素は，助動詞と不定詞の間に入れます。

語句を入れ替えて"とことん"レッスン！

❶ あなたの電話番号を教えていただけますか？

❷ 少し待っていただけますか？

❸ 塩をまわしていただけますか？

❹ 地図に印を付けていただけますか？

❺ もう少しゆっくり話していただけますか？

❻ 誰かを来させてもらえませんか？

❼ このブラウスをクリーニングしていただけますか？

組み立てのポイント

| 「〜していただけますか？」 | + | イスを持ってくる |

Könnten Sie mir einen Stuhl bringen?
ケンテン　ズィー　ミーア　アイネン　シュトゥール　ブリンゲン

イスを持ってきていただけますか？

▼対話してみましょう！

すぐに修理していただけますか？
Könnten Sie es sofort reparieren?
ケンテン　ズィー　エス　ゾフォルト　レパリーレン

わかりました。
Alles klar.
アレス　クラー

---

❶ **Könnten Sie mir Ihre Telefonnummer geben?**
ケンテン　ズィー　ミーア　イーレ　テレフォーンヌンマー　ゲーベン

❷ **Könnten Sie einen Moment warten?**
ケンテン　ズィー　アイネン　モメント　ヴァルテン

❸ **Könnten Sie mir Salz reichen?**
ケンテン　ズィー　ミーア　ザルツ　ライヒェン

❹ **Könnten Sie es auf diesem Plan markieren?**
ケンテン　ズィー　エス　アオフ　ディーゼム　プラーン　マルキーレン

❺ **Könnten Sie etwas langsamer sprechen?**
ケンテン　ズィー　エトヴァス　ラングザマー　シュプレッヒェン

❻ **Könnten Sie jemanden schicken?**
ケンテン　ズィー　イェーマンデン　シッケン

❼ **Könnten Sie die Bluse reinigen?**
ケンテン　ズィー　ディー　ブルーゼ　ライニゲン

20 「私は〜できます」

Ich kann 〜 + 不定詞.
イヒ　　カン

◆「私は〜できます」と言うとき

　kann は英語の can にあたる助動詞です。ich は「私は」という人称代名詞。**Ich kann 〜 +不定詞（動詞の原形）.** で，「私は〜できます」と表現することができます。

　kann は助動詞なので，不定詞（動詞の原形）は文末におきます。その他の要素は助動詞と不定詞の間に入れます。

語句を入れ替えて"とことん"レッスン！

❶ 私は少しドイツ語を話すことができます。

❷ 私はピアノを弾くことができます。

❸ そこへ歩いて行けます。

❹ 私は上手に写真を撮ることができます。

❺ 私は自動車を運転できます。

❻ 私は肉を食べることができません。

❼ 私はお酒が飲めません。

組み立てのポイント

「〜できます」	+	ドイツ語を話す
↓		↓
Ich kann イヒ　カン		**Deutsch sprechen** ドイチュ　シュプレッヒェン

私はドイツ語を話すことができます。

助動詞の構造

助動詞のある文は次のような構造です。

主語	助動詞		不定詞（動詞の原形）
Ich イヒ	**kann** カン	**Deutsch** ドイチュ	**sprechen.** シュプレッヒェン

---

❶ **Ich kann** ein bisschen Deutsch sprechen.
　イヒ　カン　アイン　ビスヒェン　ドイチュ　シュプレッヒェン

❷ **Ich kann** Klavier spielen.
　イヒ　カン　クラヴィーア　シュピーレン

❸ **Ich kann** dorthin zu Fuß gehen.
　イヒ　カン　ドルトヒン　ツー　フース　ゲーエン

❹ **Ich kann** gut fotografieren.
　イヒ　カン　グート　フォトグラフィーレン

❺ **Ich kann** Auto fahren.
　イヒ　カン　アオト　ファーレン

❻ **Ich kann** kein Fleisch essen.
　イヒ　カン　カイン　フライシュ　エッセン

❼ **Ich kann** keinen Alkohol trinken.
　イヒ　カン　カイネン　アルコホール　トリンケン

21 「私は〜できますか？」

Kann ich 〜 + 不定詞？
カン　イヒ

◆人に許可を求めたり，可能かどうかをたずねるとき

　Kann ich 〜 +不定詞（動詞の原形）? で，「私は〜できますか？」と，自分の行動の許可を相手に求めたり，それが可能かどうかをたずねることができます。**kann** は英語の can にあたる助動詞。

　kann は助動詞なので，不定詞（動詞の原形）は文末におきます。その他の要素は助動詞と不定詞の間に入れます。

語句を入れ替えて"とことん"レッスン！

❶（あなたに）質問してもいいですか？

❷ 領収書をもらえますか？

❸ その本を借りることができますか？

❹ 試着してもいいですか？

❺ 軽い食事をとることができますか？

❻ 食事の予約ができますか？

❼ あなたに E メールを書いてもいいですか？

組み立てのポイント

「私は〜できますか？」 ＋ 何かあなたのお手伝いをする

Kann ich
カン　イヒ

Ihnen etwas helfen?
イーネン　エトヴァス　ヘルフェン

何かお手伝いすることはありませんか？

▼ 対話してみましょう！

写真を撮ってもいいですか？
Kann ich fotografieren?
カン　イヒ　フォトグラフィーレン

はい, どうぞ。
Ja, bitte.
ヤー　ビッテ

❶ **Kann ich Sie etwas fragen?**
カン　イヒ　ズィー　エトヴァス　フラーゲン

❷ **Kann ich eine Quittung haben?**
カン　イヒ　アイネ　クヴィットゥング　ハーベン

❸ **Kann ich mir das Buch leihen?**
カン　イヒ　ミーア　ダス　ブーフ　ライエン

❹ **Kann ich das einmal anprobieren?**
カン　イヒ　ダス　アインマール　アンプロビーレン

❺ **Kann ich eine leichte Mahlzeit bekommen?**
カン　イヒ　アイネ　ライヒテ　マールツァイト　ベコンメン

❻ **Kann ich den Tisch bestellen?**
カン　イヒ　デン　ティッシュ　ベシュテレン

❼ **Kann ich Ihnen eine E-Mail schreiben?**
カン　イヒ　イーネン　アイネ　イーメイル　シュライベン

22 「〜できますか？」

Kann man 〜 + 不定詞?
カン　　　マン

◆**不特定の人を表す man を主語にして…**

「私が〜できますか？」と聞くときは **ich** を主語にしますが，不特定の人を表す **man** を主語にすると、一般的にそれが可能かどうかを言い表すことができます。

　◎ 私が行動を起こす　**Kann ich 〜＋不定詞?**
　◎ 一般的に行われる　**Kann man 〜＋不定詞?**

語句を入れ替えて"とことん"レッスン！

❶ この店は料理がおいしいですか？

❷ そこまで歩いて行けますか？

❸ まだチケットは手に入れられますか？

❹ これを試着できますか？

❺ 何時から朝食がとれますか？

❻ これを持ってなかに入れますか？

❼ 円で払うことができますか？

組み立てのポイント

「〜できますか？」 + クレジットカードで支払う

↓ ↓

Kann man mit Kreditkarte zahlen?
カン　マン　　ミット　クレディートカルテ　ツァーレン

クレジットカードで支払えますか？

不特定の「人」を表すman

不特定の「人」を表す **man** を主語にした文もよく使われます。

Man darf hier nicht rauchen. （ここでたばこを吸ってはいけません）
マン　ダルフ　ヒーア　ニヒト　ラオヘン

Man darf hier nicht parken. （ここは駐車禁止です）
マン　ダルフ　ヒーア　ニヒト　パルケン

---

❶ **Kann man** in diesem Restaurant gut essen?
カン　マン　イン　ディーゼム　レストラーン　グート　エッセン

❷ **Kann man** dorthin zu Fuß gehen?
カン　マン　ドルトヒン　ツー　フース　ゲーエン

❸ **Kann man** noch Karten bekommen?
カン　マン　ノホ　カルテン　ベコンメン

❹ **Kann man** das anprobieren?
カン　マン　ダス　アンプロビーレン

❺ Ab wie viel Uhr **kann man** frühstücken?
アプ　ヴィー　フィール　ウーア　カン　マン　フリューシュテュッケン

❻ **Kann man** damit reinkommen?
カン　マン　ダミット　ラインコンメン

❼ **Kann man** mit Yen bezahlen?
カン　マン　ミット　イェン　ベツァーレン

23

「私は〜しなければなりません」

Ich muss 〜 + 不定詞.
　　イヒ　　　ムス

◆**義務や必要があることを言うとき**

　「ここで降りなければなりません」というように，自分のしなければならないことを言うときのパターンです。muss は müssen の変化形で，英語の must に相当する助動詞です。muss は助動詞なので，不定詞（動詞の原形）は文末に置きます。その他の要素は助動詞と不定詞の間に入れます。

語句を入れ替えて"とことん"レッスン！

❶ 私はハンブルクに行かなくてはなりません。

❷ 私はここで降りなければなりません。

❸ 私はもう失礼しなければなりません。

❹ 私は地下鉄に乗り換えなければなりません。

❺ 私は買い物に行かなくてはなりません。

❻ 私は席を予約しなければなりません。

❼ 私はこの薬を飲まなければなりません。

組み立てのポイント

| 「〜しなければなりません」 | + | このバスに乗る |

Ich muss **diesen Bus nehmen.**
イヒ　ムス　　　ディーゼン　ブス　ネーメン

このバスに乗らなければなりません。

関連表現

そろそろ行かないと。
Ich muss jetzt gehen.
イヒ　ムス　イェッツト　ゲーエン

私は彼女の料理の手伝いをしてあげなければなりません。
Ich muss ihr beim Kochen helfen.
イヒ　ムス　イーア　バイム　コッヘン　ヘルフェン

---

❶ **Ich muss heute nach Hamburg fahren.**
　　イヒ　ムス　ホイテ　ナーハ　ハンブルク　ファーレン

❷ **Ich muss hier aussteigen.**
　　イヒ　ムス　ヒーア　アオスシュタイゲン

❸ **Ich muss mich schon verabschieden.**
　　イヒ　ムス　ミッヒ　ショーン　フェアアップシーデン

❹ **Ich muss in eine U-Bahn umsteigen.**
　　イヒ　ムス　イン　アイネ　ウーバーン　ウムシュタイゲン

❺ **Ich muss einkaufen gehen.**
　　イヒ　ムス　アインカオフン　ゲーエン

❻ **Ich muss einen Tisch reservieren.**
　　イヒ　ムス　アイネン　ティッシュ　レゼルヴィーレン

❼ **Ich muss dieses Medikament einnehmen.**
　　イヒ　ムス　ディーゼス　メディカメント　アインネーメン

24

「〜しなければなりませんか？」

Muss ich 〜 ＋ 不定詞?
　ムス　　　イヒ

◆自分に義務や行動の必然性について聞くとき

　Muss ich 〜 ＋ 不定詞（動詞の原形）? で，「〜しなければなりませんか？」とか「〜する必要がありますか？」と聞くことができます。

　muss は助動詞なので，不定詞（動詞の原形）は文末に置きます。その他の要素は助動詞と不定詞の間に入れます。

語句を入れ替えて "とことん" レッスン！

❶ 個別に包まなければなりませんか？

❷ 正装の必要はありますか？

❸ 乗り換える必要はありますか？

❹ このバスに乗る必要がありますか？

❺ 席を予約しなくてはいけませんか？

❻ この薬を飲まなければいけませんか？

❼ ガソリンは自分で入れなくてはなりませんか？

組み立てのポイント

「〜しなければなりませんか？」 + 明日　出発する

Muss ich **morgen abfahren?**

私は明日出発しなくてはなりませんか？

▼ 対話してみましょう！

この列車に乗ればいいのですか？

Muss ich mit diesem Zug fahren?

その通りです。

Ja, genau.

❶ **Muss ich es einzeln verpacken?**

❷ **Muss ich mich formell anziehen?**

❸ **Muss ich umsteigen?**

❹ **Muss ich diesen Bus nehmen?**

❺ **Muss ich einen Tisch reservieren?**

❻ **Muss ich dieses Medikament einnehmen?**

❼ **Muss ich Benzin selbst tanken?**

25

「～する必要はありません」

Sie müssen nicht ～ + 不定詞.
ズィー　　ミュッセン　　ニヒト

◆相手に義務や必要がないことを言うとき

　「ここで降りる必要はありません」というように，相手に「～する必要はありません」と言うときのパターンです。

　不定詞（動詞の原形）が文末にくる助動詞構文です。

語句を入れ替えて"とことん"レッスン！

❶ 急ぐ必要はありません。

❷ ここで降りる必要はありません。

❸ お金を払う必要はありません。

❹ この列車に乗る必要はありません。

❺ 医者へ行く必要はありません。

❻ 働く必要はありません。

❼ 大阪に行く必要はありません。

組み立てのポイント

| 「〜する必要はない」 | ＋ | 地下鉄に乗り換える |

Sie müssen nicht in eine U-Bahn umsteigen.
ズィー　ミュッセン　ニヒト　イン　アイネ　ウーバーン　ウムシュタイゲン

地下鉄に乗り換える必要はありません。

禁止表現は dürfen を否定文に

「してはならない」という禁止表現は dürfen を否定文にします。

写真を撮ってはいけません。

Sie dürfen nicht fotografieren.
ズィー　デュルフェン　ニヒト　フォトグラフィーレン

---

❶ **Sie müssen sich nicht beeilen.**
ズィー　ミュッセン　ズィヒ　ニヒト　ベアイレン

❷ **Sie müssen hier nicht aussteigen.**
ズィー　ミュッセン　ヒーア　ニヒト　アオスシュタイゲン

❸ **Sie müssen nicht zahlen.**
ズィー　ミュッセン　ニヒト　ツァーレン

❹ **Sie müssen nicht mit diesem Zug fahren.**
ズィー　ミュッセン　ニヒト　ミット　ディーゼム　ツーク　ファーレン

❺ **Sie müssen nicht zum Arzt gehen.**
ズィー　ミュッセン　ニヒト　ツム　アールツト　ゲーエン

❻ **Sie müssen nicht arbeiten.**
ズィー　ミュッセン　ニヒト　アルバイテン

❼ **Sie müssen nicht nach Osaka fahren.**
ズィー　ミュッセン　ニヒト　ナーハ　オーサカ　ファーレン

26

「(私は)～しました」「～したことがあります」①

Ich habe ～ + 過去分詞.
　イヒ　　ハーベ

◆過去のできごとや体験を表現するとき

　Ich habe + 過去分詞. で「～しました／～したことがあります」と日常の過去のできごとや体験を表現します。

　「～した」という過去の事柄を表すには，ドイツ語会話では主に現在完了形を用います。2番目に完了助動詞の **habe**，文末に動詞の過去分詞を置きます。その他の要素は **habe** と動詞の過去分詞の間に入れます。

語句を入れ替えて"とことん"レッスン！

❶ 私はハンドバッグを置き忘れました。

❷ 私は間違った切符を買ってしまいました。

❸ とても楽しかったです。

❹ もう昼食を食べました。

❺ 私はワインを飲みました。

❻ 私はすてきなレストランを見つけました。

❼ 私は多くの人と知り合いになりました。

組み立てのポイント

| 「〜しました」 | + | バックを買う |

Ich habe **eine Tasche gekauft.**
イヒ　ハーベ　　　アイネ　タッシェ　ゲカオフト

バックを買いました。

関連表現

私はもうその博物館を訪れたことがあります。
Ich habe schon das Museum **besucht.**
イヒ　ハーベ　ショーン　ダス　ムゼーウム　ベズーフト

*besucht の原形は besuchen。be, emp, ent, er, ge, ver, zer ではじまる非分離動詞には、過去分詞に ge はつきません。

---

❶ **Ich habe** meine Handtasche liegen lassen.
イヒ　ハーベ　マイネ　ハントタッシェ　リーゲン　ラッセン

❷ **Ich habe** eine falsche Fahrkarte gekauft.
イヒ　ハーベ　アイネ　ファルシェ　ファールカルテ　ゲカオフト

❸ **Ich habe** mich sehr gut unterhalten.
イヒ　ハーベ　ミヒ　ゼーア　グート　ウンターハルテン

❹ **Ich habe** schon zu Mittag gegessen.
イヒ　ハーベ　ショーン　ツー　ミッターク　ゲゲッセン

❺ **Ich habe** Wein getrunken.
イヒ　ハーベ　ヴァイン　ゲトルンケン

❻ **Ich habe** ein nettes Restaurant gefunden.
イヒ　ハーベ　アイン　ネッテス　レストラーン　ゲフンデン

❼ **Ich habe** viele Leute kennengelernt.
イヒ　ハーベ　フィーレ　ロイテ　ケンネンゲレルント

27

「(私は)〜しました」「〜したことがあります」②

CD 39

Ich habe [bin] 〜 + 過去分詞.
イヒ　　ハーベ　　　ビン

◆過去のできごとや体験を表現するとき

　「私は昨日ポツダムに行きました」とか「私は昨夜，劇場に行きました」というように，「〜しました」「〜したことがあります」と過去のことを表現するときのパターンです。

　「〜した」という過去の事柄を表すには，ドイツ語では現在完了形を用います。

語句を入れ替えて"とことん"レッスン！

❶ 私は昨夜，劇場に行きました。

❷ 私は昨日ポツダムに行きました。

❸ 私は早起きしました。

❹ 私はその美術館へ行ったことがあります。

❺ サッカーを観に来ました。

❻ 私は昨年ベルリンに行ってきました。

❼ 私は子どもの頃東京に住んでいました。

組み立てのポイント

「私は〜しました」 + 昨日　映画を観る

Ich habe gestern einen Film gesehen.
イヒ　ハーベ　ゲスターン　アイネン　フィルム　ゲゼーエン

私は昨日映画を観ました。

現在完了形を作る完了助動詞

ドイツ語の現在完了形を作る完了助動詞は，**haben** と **sein** の2種類あります。**sein**が使われるのは次の場合です。
① 場所の移動を表す動詞：**gehen, kommen, fahren, fliegen** など。
　　　　　　　　　　　　　ゲーエン　コンメン　ファーレン　フリーゲン
② 状態の変化を表す動詞：**aufstehen, werden, einschlafen** など。
　　　　　　　　　　　　　アオフシュテーエン　ヴェーアデン　アインシュラーフェン
③ その他例外：**sein, bleiben** など。
　　　　　　　　ザイン　ブライベン

---

❶ **Ich habe** gestern Abend das Theater besucht.
　イヒ　ハーベ　ゲスターン　アーベント　ダス　テアーター　ベズーフト

❷ **Ich bin** gestern nach Potsdam gefahren.
　イヒ　ビン　ゲスターン　ナーハ　ポツダム　ゲファーレン

❸ **Ich bin** früh aufgestanden.
　イヒ　ビン　フリュー　アオフゲシュタンデン

❹ **Ich habe** das Museum besucht.
　イヒ　ハーベ　ダス　ムゼーウム　ベズーフト

❺ **Ich bin** hierher gekommen, um Fußballspiele zu sehen.
　イヒ　ビン　ヒアヘア　ゲコンメン　ウム　フースバルシュピーレ　ツー　ゼーエン

❻ **Ich bin** letztes Jahr nach Berlin gefahren.
　イヒ　ビン　レッツテス　ヤール　ナーハ　ベルリーン　ゲファーレン

❼ **Ich habe** als Kind in Tokio gewohnt.
　イヒ　ハーベ　アルス　キント　イン　トーキオ　ゲヴォーント

28

「〜しましたか？」「〜したことがありますか？」

Haben Sie [Sind Sie] 〜 + 過去分詞？
ハーベン　ズィー　ズィント　ズィー

◆過去のできごとや体験をたずねるとき

　「昨日ポツダムに行きましたか？」とか「もう朝食を食べましたか？」というように，**Haben Sie [Sind Sie] + 過去分詞?** で「〜しましたか？」「〜したことがありますか？」と過去のできごとや体験をたずねることができます。「〜した」という過去の事柄を表すには，ドイツ語会話では主に現在完了形を用います。

語句を入れ替えて"とことん"レッスン！

❶ 昨日ポツダムに行きましたか？

❷ もう朝食を食べましたか？

❸ もう昼食を食べましたか？

❹ ベルリンに行ったことがありますか？

❺ サッカーを観に来ましたか？

❻ 早起きしましたか？

❼ 昨日映画へ行きましたか？

組み立てのポイント

「〜しましたか？」 + 昨夜，劇場に行く

Haben Sie gestern Abend das Theater besucht?
ハーベン ズィー ゲスターン アーベント ダス テアーター ベズーフト

昨夜劇場に行きましたか？

Ich habe [bin] 〜＋過去分詞. を疑問文にすると？

Ich habe 〜 ＋ 過去分詞.
→ 疑問文　**Haben Sie** 〜 ＋ 過去分詞 ?

Ich bin 〜 ＋ 過去分詞.
→ 疑問文　**Sind Sie** 〜 ＋ 過去分詞 ?

---

❶ **Sind Sie** gestern nach Potsdam gefahren?
ズィント ズィー ゲスターン ナーハ ポツダム ゲファーレン

❷ **Haben Sie** schon das Frühstück genommen?
ハーベン ズィー ショーン ダス フリューシュテュック ゲノンメン

❸ **Haben Sie** schon zu Mittag gegessen?
ハーベン ズィー ショーン ツー ミッターク ゲゲッセン

❹ **Haben Sie** Berlin besucht?
ハーベン ズィー ベルリーン ベズーフト

❺ **Sind Sie** hierher gekommen, um Fußballspiele zu sehen?
ズィント ズィー ヒアヘア ゲコンメン ウム フースバルシュピーレ ツー ゼーエン

❻ **Sind Sie** früh aufgestanden?
ズィント ズィー フリュー アオフゲシュタンデン

❼ **Sind Sie** gestern ins Kino gegangen?
ズィント ズィー ゲスターン インス キーノ ゲガンゲン

29

「〜しませんでした」「〜したことがありません」

CD 41

Ich habe [bin] nicht 〜 + 過去分詞.
イヒ　ハーベ　ビン　ニヒト

◆過去のできごとや体験を否定するとき

　Ich habe[bin] nicht + 過去分詞. で「〜しませんでした」「〜したことがありません」と，過去のできごとや体験を否定する表現ができます。

　「〜した」という過去の事柄を表すには，ドイツ語会話では現在完了形を用います。

語句を入れ替えて"とことん"レッスン！

❶ 私は昨日映画へ行きませんでした。

❷ 私はハンドバッグを置き忘れませんでした。

❸ 予約しませんでした。

❹ 私はそのレストランを見つけられませんでした。

❺ 私は早起きしませんでした。

❻ 私はその車を買いませんでした。

❼ 私はそのワインを飲みませんでした。

組み立てのポイント

| 「〜しませんでした」 | + | ポツダムに行く |

Ich bin nicht nach Potsdam gefahren.
イヒ　ビン　ニヒト　ナーハ　ポツダム　ゲファーレン

私はポツダムに行きませんでした。

▼対話してみましょう!

あなたはベルリンに行ったことがありますか？

Sind Sie schon nach Berlin gefahren?
ズィント　ズィー　ショーン　ナーハ　ベルリーン　ゲファーレン

いいえ、私はまだベルリンに行ったことはありません。

Nein, ich bin noch nicht nach Berlin gefahren.
ナイン　イヒ　ビン　ノホ　ニヒト　ナーハ　ベルリーン　ゲファーレン

---

❶ **Ich bin gestern nicht ins Kino gegangen.**
イヒ　ビン　ゲスターン　ニヒト　インス　キーノ　ゲガンゲン

❷ **Ich habe meine Handtasche nicht liegen lassen.**
イヒ　ハーベ　マイネ　ハントタッシェ　ニヒト　リーゲン　ラッセン

❸ **Ich habe nicht reserviert.**
イヒ　ハーベ　ニヒト　レゼルヴィーアト

❹ **Ich habe das Restaurant nicht gefunden.**
イヒ　ハーベ　ダス　レストラーン　ニヒト　ゲフンデン

❺ **Ich bin nicht früh aufgestanden.**
イヒ　ビン　ニヒト　フリュー　アオフゲシュタンデン

❻ **Ich habe das Auto nicht gekauft.**
イヒ　ハーベ　ダス　アオト　ニヒト　ゲカオフト

❼ **Ich habe den Wein nicht getrunken.**
イヒ　ハーベ　デン　ヴァイン　ニヒト　ゲトルンケン

30

「〜はどこですか？」

CD 42

Wo ist ~?
ヴォー　イスト

◆ **知りたい「場所」についてたずねるとき**

　場所をたずねる表現です。**Wo ist ~?** は英語の Where is~? にあたる表現です。

　Wo は「どこに」という疑問詞です。英語の where に相当します。

◇ **wohin**「どこへ」　（英語で to where）
◇ **woher**「どこから」（英語で from where）

語句を入れ替えて"とことん"レッスン！

❶ 地下鉄の駅はどこですか？

❷ 私の席はどこですか？

❸ トイレはどこですか？

❹ タクシー乗り場はどこですか？

❺ 香水売り場はどこですか？

❻ レジはどこですか？

❼ 中央広場はどこにありますか？

組み立てのポイント

| 「どこですか？」 | ＋ | 観光案内所 |

Wo ist **die Touristeninformation?**
ヴォー イスト　ディー　トゥリステンインフォルマツィオーン

観光案内所はどこですか？

「〜はどこですか？」に対する答え方

Hier.「ここです」　　**Da.**「そこです」
ヒーア　　　　　　　　ダー

Dort.「あそこです」　**Da rechts.**「そこを右です」
ドルト　　　　　　　　ダー　レヒツ

Da links.「そこを左です」 **Gleich da vorne.**「すぐその前です」
ダー リンクス　　　　　　グライヒ　ダー　フォルネ

---

❶ **Wo ist die U-Bahnstation?**
ヴォー イスト ディー　ウーバーンシュタツィオーン

❷ **Wo ist mein Platz?**
ヴォー イスト マイン　プラッツ

❸ **Wo ist die Toilette?**
ヴォー イスト ディー　トァレッテ

❹ **Wo ist der Taxistand?**
ヴォー イスト デア　タクスィシュタント

❺ **Wo ist die Parfümabteilung?**
ヴォー イスト ディー　パルフュームアプタイルング

❻ **Wo ist die Kasse?**
ヴォー イスト ディー　カッセ

❼ **Wo ist der Marktplatz?**
ヴォー イスト デア　マルクトプラッツ

31 「何？」

Was + 動詞～?
ヴァス

◆**知りたい「物」について聞くとき**

「これは何ですか？」とか「この地方の特産品は何ですか？」というように，「何？」と聞くときのパターンです。

Was［ヴァス］は「何」という疑問詞です。英語の what に相当します。動詞の後ろ（～）には「聞きたいこと」が入ります。

語句を入れ替えて"とことん"レッスン！

❶ これは何ですか？

❷ この地方の特産品は何ですか？

❸ あなたの職業は何ですか？

❹ あなたのご訪問の目的は何ですか？

❺ どうなさったのですか？

❻ （レストランで）早くできるものは何ですか？

❼ あなたは何を見学しましたか？

組み立てのポイント

「何？」	＋	予定していますか
Was ヴァス		**haben Sie vor?** ハーベン　ズィー　フォア

何をする予定ですか？

関連表現

それはどういう意味ですか？
Was bedeutet das?
ヴァス　ベドイテット　ダス

何を専攻しているのですか？
Was studieren Sie?
ヴァス　シュトゥディーレン　ズィー

---

❶ **Was ist das?**
ヴァス　イスト　ダス

❷ **Was sind Spezialitäten dieser Gegend?**
ヴァス　ズィント　シュペツィアリテーテン　ディーザー　ゲーゲント

❸ **Was sind Sie von Beruf?**
ヴァス　ズィント　ズィー　フォン　ベルーフ

❹ **Was ist der Zweck Ihres Besuches hier?**
ヴァス　イスト　デア　ツヴェック　イーレス　ベズーヘス　ヒーア

❺ **Was fehlt Ihnen?**
ヴァス　フェールト　イーネン

❻ **Was kann ich jetzt gleich bekommen?**
ヴァス　カン　イヒ　イェッツト　グライヒ　ベコンメン

❼ **Was haben Sie schon gesehen?**
ヴァス　ハーベン　ズィー　ショーン　ゲゼーエン

32 「いくら？」

CD 44

Was kostet ~?
ヴァス　　コステット

◆ 値段をたずねるとき

「送料はいくらですか？」とか「ソーセージはいくらですか？」というように，値段をたずねるときのパターンです。

Was kostet の **was** は「何」，**kostet** は「値段が～である」という意味です。

語句を入れ替えて "とことん" レッスン！

❶ この送料はいくらですか？

❷ ソーセージはいくらですか？

❸ この万年筆はいくらですか？

❹ 入場料はいくらですか？

❺ この本はいくらですか？

❻ ブレーメンまで片道いくらですか？

❼ 博物館までいくらですか？

組み立てのポイント

| 「いくら？」 | + | 片道の　運行 |

Was kostet
ヴァス　コステット

eine einfache Fahrt?
アイネ　アインファッヘ　ファールト

片道いくらですか？

▼ 対話してみましょう！

いくらですか？
Was kostet das?
ヴァス　コステット　ダス

20ユーロです。
20 Euro.
ツヴァンツィヒ　オイロ

---

❶ **Was kostet** der Versand?
ヴァス　コステット　デア　フェアザント

❷ **Was kostet** eine Wurst?
ヴァス　コステット　アイネ　ヴルスト

❸ **Was kostet** der Füller?
ヴァス　コステット　デア　フュラー

❹ **Was kostet** der Eintritt?
ヴァス　コステット　デア　アイントリット

❺ **Was kostet** dieses Buch?
ヴァス　コステット　ディーゼス　ブーフ

❻ **Was kostet** eine einfache Fahrt nach Bremen?
ヴァス　コステット　アイネ　アインファッヘ　ファート　ナーハ　ブレーメン

❼ **Was kostet** die Fahrt zum Museum?
ヴァス　コステット　ディー　ファート　ツム　ムゼーウム

33

「どうやって~?」「どんな~?」

Wie + 動詞~?
ヴィー

◆方法や程度などを尋ねるときに使うパターン

「どうやって」とか「どんな」というように，方法ややり方，程度などを尋ねるときに使うパターンです。

動作を聞きたいときには，**Wie** の後に動作を表す言葉をつけて表現します。**Wie** は，英語の how に相当します。

語句を入れ替えて"とことん"レッスン！

❶ このホテルはどうですか？

❷ 駅へはどう行くのですか？

❸ あなたのお名前は？

❹ この通りの名前は何ですか？

❺ つづりを教えてくださいませんか？

❻ どのように発音しますか？

❼ これはドイツ語で何というのですか？

組み立てのポイント

| 「どうやって〜？」 | ＋ | 劇場へ行く |

Wie
ヴィー

komme ich zum Theater?
コンメ　イヒ　ツム　テアーター

劇場へはどうやって行くのですか？

▼対話してみましょう！

味はどうでしたか？
Wie hat es Ihnen geschmeckt?
ヴィー　ハット　エス　イーネン　ゲシュメックト

おいしかったです。
Sehr gut!
ゼーア　グート

---

❶ **Wie ist dieses Hotel?**
ヴィー　イスト　ディーゼス　ホテル

❷ **Wie komme ich zum Bahnhof?**
ヴィー　コンメ　イヒ　ツム　バーンホフ

❸ **Wie heißen Sie?**
ヴィー　ハイセン　ズィー

❹ **Wie heißt diese Straße?**
ヴィー　ハイスト　ディーゼ　シュトラーセ

❺ **Wie schreibt man das?**
ヴィー　シュライプト　マン　ダス

❻ **Wie spricht man das aus?**
ヴィー　シュプリヒト　マン　ダス　アオス

❼ **Wie heißt das auf Deutsch?**
ヴィー　ハイスト　ダス　アオフ　ドイチュ

34

「どうやって〜？」「どのくらい〜？」

Wie lange + 動詞 〜 ?
ヴィー　　ランゲ

◆時間の長さをたずねるとき

　Wie lange + 動詞 ~? は「どのくらい長く〜？」とたずねるときのパターンです。

　Wie lange は時間の長さをたずねますから，その答えは「〜時間（分）」や「〜まで」となります。

語句を入れ替えて "とことん" レッスン！

❶ このショーはどのくらい時間がかかりますか？

❷ 駅までどのくらいかかりますか？

❸ 私たちはここにどのくらいいますか？

❹ あなたはどのくらいここにいましたか？

❺ 私たちはどのくらい待ちますか？

❻ 空港までどのくらい時間がかかりますか？

❼ このツアーはどのくらい時間がかかりますか？

組み立てのポイント

| 「どのくらい〜？」 | ＋ | 時間がかかる |

Wie lange
ヴィー　ランゲ

dauert das?
ダオアート　ダス

どのくらい時間がかかりますか？

▼対話してみましょう！

それはどれくらいかかりますか？
Wie lange dauert es?
ヴィー　ランゲ　ダオアート　エス

2時間かかります。
Es dauert zwei Stunden.
エス　ダオアート　ツヴァイ　シュトゥンデン

---

❶ **Wie lange dauert die Show?**
ヴィー　ランゲ　ダオアート　ディー　ショウ

❷ **Wie lange dauert es bis zum Bahnhof?**
ヴィー　ランゲ　ダオアート　エス　ビス　ツム　バーンホーフ

❸ **Wie lange bleiben wir hier?**
ヴィー　ランゲ　ブライベン　ヴィーア　ヒーア

❹ **Wie lange sind Sie hier geblieben?**
ヴィー　ランゲ　ズィント　ズィー　ヒーア　ゲブリーベン

❺ **Wie lange müssen wir warten?**
ヴィー　ランゲ　ミュッセン　ヴィーア　ヴァルテン

❻ **Wie lange dauert es bis zum Flughafen?**
ヴィー　ランゲ　ダオアート　エス　ビス　ツム　フルークハーフェン

❼ **Wie lange dauert die Tour?**
ヴィー　ランゲ　ダオアート　ディー　トゥーア

35

CD 47

「どのくらい多く〜？」

Wie viel + 動詞 ~?
ヴィー　　フィール

◆何名？　何泊？　いくら？　と聞くとき

　Wie viel + **動詞 ~?** は,「どのくらい多く〜？」とたずねるときのパターンです。「何泊しますか？」とか「全部でいくらですか？」というように, 量を聞くときに用います。

語句を入れ替えて "とことん" レッスン！

❶ 何名様ですか？

❷ 何泊しますか？

❸ 全部でいくらですか？

❹ 何時から朝食がとれますか？

❺ 何時まで朝食がとれますか？

❻ 日本への手紙の郵便料金はいくらですか？

❼ 博物館は何時まで開いていますか？

組み立てのポイント

| 「どのくらい多く〜?」 | + | 値段が〜である　一番安い席 |

Wie viel kostet der billigste Platz?
いちばん安い席はいくらですか？

▼対話してみましょう!

開演は何時ですか？
Um wie viel Uhr beginnt die Vorstellung?

5時です。
Um 5 Uhr.

---

❶ **Wie viele Personen sind Sie?**

❷ **Für wie viele Nächte übernachten Sie?**

❸ **Wie viel macht das zusammen?**

❹ **Ab wie viel Uhr kann man frühstücken?**

❺ **Bis wie viel Uhr kann man frühstücken?**

❻ **Wie viel kostet ein Brief nach Japan?**

❼ **Bis wie viel Uhr ist das Museum geöffnet?**

36

「どんな？」

Was für (ein) + 名詞 ~?
ヴァス　フューア　アイン

◆方法・仕方・様態などをたずねるとき

Was für (ein) + 名詞 ~? は不特定多数のものの状態などを尋ねるときに使われます。「どのような～？」とたずねるときに使うパターンです。

Was für (ein) + 名詞の後ろは「疑問の語順」となります。

語句を入れ替えて"とことん"レッスン！

❶ どんなチケットならまだありますか？

❷ 今日は何の祝日ですか？

❸ どんなお祭りですか？

❹ どんなワインがおすすめですか？

❺ 食前酒は何がおすすめですか？

❻ どのような料理がおすすめですか？

❼ どんな席ならまだありますか？

組み立てのポイント

「どんな？」	＋	部屋が空いている
↓		↓
Was für		**Zimmer haben Sie frei?**
ヴァス フューア		ツィンマー ハーベン ズィー フライ

どんな部屋が空いていますか？

für「～のため」をチェック

当日券はありますか？
Haben Sie noch Karten für heute?
ハーベン ズィー ノホ カルテン フューア ホイテ

これは自分用です
Dies ist für mich persönlich.
ディース イスト フューア ミヒ ペルゼーンリヒ

---

❶ **Was für Karten haben Sie noch?**
ヴァス フューア カルテン ハーベン ズィー ノホ

❷ **Was für ein Feiertag ist heute?**
ヴァス フューア アイン ファイアータ―ク イスト ホイテ

❸ **Was für ein Fest ist das?**
ヴァス フューア アイン フェスト イスト ダス

❹ **Was für einen Wein empfehlen Sie?**
ヴァス フューア アイネン ヴァイン エムプフェーレン ズィー

❺ **Was für einen Aperitif empfehlen Sie mir?**
ヴァス フューア アイネン アペリティーフ エムプフェーレン ズィー ミーア

❻ **Was für ein Gericht empfehlen Sie?**
ヴァス フューア アイン ゲリヒト エムプフェーレン ズィー

❼ **Was für Plätze haben Sie noch?**
ヴァス フューア プレッツェ ハーベン ズィー ノホ

37

CD 49

「だれ？」「だれのもの？」

Wer + 動詞 ~? / Wem gehört ~?
ヴェーア　　　　　　　　　　　ヴェーム　　ゲヘールト

◆知りたい「人」についてたずねるとき

　Wer［ヴェーア］は「だれ」という疑問詞です。英語の who に相当します。動詞の後ろ（〜）には「聞きたい人」が入ります。

　「だれのもの？」とたずねるときには，**wem**（疑問詞 **wer** の3格）を使い，**Wem gehört ~?** と聞きます。

語句を入れ替えて "とことん" レッスン！

❶ あの人はだれですか？

❷ 彼女はだれですか？

❸ 彼はだれですか？

❹ （電話で）どなたですか？

❺ （部屋がノックされたとき）どなたですか？

❻ これはだれのですか？

❼ これはだれの本ですか？

組み立てのポイント

「だれ？」	+	あの子ども
↓		↓
Wer ヴェーア		**ist das Kind?** イスト　ダス　キント

あの子どもはだれですか？

関連表現

だれかをよこしていただけませんか？

Können Sie bitte jemanden schicken?
ケンネン　ズィー　ビッテ　イェーマンデン　シッケン

だれか日本語の話せる人はいませんか？

Spricht hier jemand Japanisch?
シュプリヒト　ヒーア　イェーマント　ヤパーニッシュ

---

❶ **Wer ist das?**
ヴェーア　イスト　ダス

❷ **Wer ist sie?**
ヴェーア　イスト　ズィー

❸ **Wer ist er?**
ヴェーア　イスト　エア

❹ **Wer spricht dort, bitte?**
ヴェーア　シュプリヒト　ドルト　ビッテ

❺ **Wer ist da?**
ヴェーア　イスト　ダー

❻ **Wem gehört das?**
ヴェーム　ゲヘールト　ダス

❼ **Wem gehört das Buch?**
ヴェーム　ゲヘールト　ダス　ブーフ

38

「いつ？」

Wann + 動詞 ~?
ヴァン

◆**知りたい「時」についてたずねるとき**

　「いつお店は閉まりますか？」とか「出発は何時ですか？」というように，「いつ」という時間をたずねるパターンが，**Wann + 動詞 ~?** です。
　Wann［ヴァン］は「いつ」という疑問詞です。英語の when に相当します。

語句を入れ替えて"とことん"レッスン！

❶ いつお店は閉まりますか？

❷ 何時の終演ですか？

❸ 出発は何時ですか？

❹ 私たちはハンブルクに何時に到着しますか？

❺ いつ会いましょうか？

❻ いつ時間がありますか？

❼ その展覧会はいつ開催されますか？

組み立てのポイント

「いつ？」	+	都合が良い
⬇		⬇
Wann ヴァン		**ist es Ihnen recht?** イスト エス イーネン レヒト

いつ都合がいいですか？

▼ 対話してみましょう!

コンサートはいつ始まりますか？

Wann beginnt das Konzert?
ヴァン ベギント ダス コンツェルト

7時に始まります。

Es beginnt um 7 Uhr.
エス ベギント ウム ズィーベン ウーア

---

❶ **Wann** macht man das Geschäft zu?
　ヴァン　マハト　マン　ダス　ゲシェフト　ツー

❷ **Wann** endet die Vorstellung?
　ヴァン　エンデット　ディー　フォアシュテルング

❸ **Wann** fahren Sie ab?
　ヴァン　ファーレン　ズィー　アプ

❹ **Wann** kommen wir in Hamburg an?
　ヴァン　コンメン　ヴィーア イン　ハンブルク　アン

❺ **Wann** treffen wir uns?
　ヴァン　トレッフェン　ヴィーア　ウンス

❻ **Wann** haben Sie Zeit?
　ヴァン　ハーベン　ズィー　ツァイト

❼ **Wann** findet die Ausstellung statt?
　ヴァン　フィンデット　ディー　アオスシュテルング　シュタット

39

「なぜ？」

Warum ~?
ヴァルム

◆**理由をたずねるとき**

「なぜドイツに来たのですか？」とか「なぜだめなんですか？」というように、「なぜ？」と理由を聞くときに使うパターンです。

Warum ~? と質問されたら、**Weil**［ヴァイル］「～だから、～なので」と答えます（**Weil** ではじまる文では、動詞は最後に置きます）。

語句を入れ替えて"とことん"レッスン！

❶ なぜ、ドイツに来たのですか？

❷ なぜ、早く起きたのですか？

❸ なぜ、だめなんですか？

❹ なぜ、あなたは一緒に来ないのですか？

❺ なぜ、それを教えてくれなかったのですか？

❻ なぜ、私に電話をかけなかったのですか？

❼ なぜ、そんなに長くかかるのですか？

組み立てのポイント

「なぜ？」 + 汽車は遅れている

Warum hat der Zug Verspätung?
ヴァルム　ハット　デア　ツーク　フェアシュペートゥング

なぜ，汽車は遅れているのですか？

▼対話してみましょう！

どうしてパーティに来なかったのですか？

Warum waren Sie nicht auf der Party.
ヴァルム　ヴァーレン　ズィー　ニヒト　アウフ　デア　パーティー

なぜなら，少し熱があったので。

Weil ich ein bisschen Fieber hatte.
ヴァイル　イッヒ　アイン　ビスヒェン　フィーバー　ハッテ

---

❶ **Warum** sind Sie nach Deutschland gekommen?
ヴァルム　ズィント　ズィー　ナーハ　ドイチュラント　ゲコンメン

❷ **Warum** sind Sie früh aufgestanden?
ヴァルム　ズィント　ズィー　フリュー　アオフゲシュタンデン

❸ **Warum** nicht? / Wieso nicht?
ヴァルム　ニヒト　ヴィーゾー　ニヒト

❹ **Warum** kommen Sie nicht mit?
ヴァルム　コンメン　ズィー　ニヒト　ミット

❺ **Warum** haben Sie mir das nicht gesagt?
ヴァルム　ハーベン　ズィー　ミーア　ダス　ニヒト　ゲザークト

❻ **Warum** haben Sie mich nicht angerufen?
ヴァルム　ハーベン　ズィー　ミヒ　ニヒト　アンゲルーフェン

❼ **Warum** dauert es so lange?
ヴァルム　ダオアート　エス　ゾー　ランゲ

40 「形式主語の es」

CD 52

Es + 動詞 ~.
エス

◆**英語の it にあたる es を使って**

　時刻「7時に始まります」や自然現象「雪が降ります」などを表現するときに，文の形をつくるために主語の代わりに「形式主語の **es**」を使うパターンです。

語句を入れ替えて"とことん"レッスン！

❶ 雪が降ります。

❷ 雨が降ります。

❸ 暗くなります。

❹ 火事だ！

❺ 寒いなあ。

❻ 暑いなあ。

❼ 7時に始まります。

組み立てのポイント

Es	+	晴れています
↓		↓
Es		ist sonnig.
エス		イスト ゾンニッヒ

晴れています。

関連表現

いい天気ですね。
Ein herrliches Wetter!
アイン ヘルリヒェス ヴェッター

すごい風です。
Es ist stürmisch.
エス イスト シュテュルミッシュ

---

❶ **Es schneit.**
 エス シュナイト

❷ **Es regnet.**
 エス レーグネット

❸ **Es wird dunkel.**
 エス ヴィルト ドゥンケル

❹ **Es brennt!**
 エス ブレント

❺ **Es ist mir kalt.**
 エス イスト ミーア カルト

❻ **Es ist mir heiß.**
 エス イスト ミーア ハイス

❼ **Es beginnt um 7 Uhr.**
 エス ベギント ウム ズィーベン ウーア

41 「これは〜です」

Das ist 〜.
ダス　イスト

◆「(これは)〜です」と説明するとき

「(これは)〜です」と説明するときに使う表現です。「これはドイツ製です」というように物を説明するときや、「こちらは〜です」と人を紹介するときにも使えます。

Das ist は単数のものを指して言います。複数のものを指していうのは **Das sind** [ダス ズィント] **〜.** です。

語句を入れ替えて"とことん"レッスン！

❶ これはとっても辛いです。

❷ どうもご親切に。

❸ これは自分用です。

❹ ドイツははじめてです。

❺ これは私の荷物です。

❻ こちらはシュミット氏です。

❼ こちらは私の子どもたちです。

組み立てのポイント

| 「これは〜です」 | + | ドイツ製品 |

Das ist ein deutsches Produkt.
ダス　イスト　　アイン　　ドイチェス　　プロ**ド**ゥクト

これはドイツ製品です。

▼対話してみましょう!

それは何ですか？
Was ist das?
ヴァス　イスト　ダス

携帯電話です。
Das ist ein Handy.
ダス　イスト　アイン　ヘンディ

---

❶ **Das ist** sehr scharf.
　ダス　イスト　ゼーア　シャルフ

❷ **Das ist** aber sehr nett.
　ダス　イスト　アーバー　ゼーア　ネット

❸ **Das ist** für mich persönlich.
　ダス　イスト　フューア　ミヒ　　ペルゼーンリヒ

❹ **Das ist** mein erster Besuch in Deutschland.
　ダス　イスト　マイン　エーアスター　ベズーフ　イン　ドイチュラント

❺ **Das ist** mein Gepäck.
　ダス　イスト　マイン　ゲペック

❻ **Das ist** Herr Schmidt.
　ダス　イスト　ヘル　シュミット

❼ **Das sind** meine Kinder.
　ダス　ズィント　マイネ　キンダー

42

「これは〜ではありません」

Das ist nicht 〜.
ダス　イスト　ニヒト

◆「(これは)〜ではありません」と否定するとき

「これは携帯電話ではありません」とか「これは自分用ではありません」と言うように，「(これは)〜ではありません」と否定するときのパターンです。否定するときには，**Das ist** の後に英語の not に当たる nicht を置いて表現します。

語句を入れ替えて "とことん" レッスン！

❶ これは私の携帯電話ではありません。

❷ これは自分用ではありません。

❸ これはそれほど辛くありません。

❹ これは彼の荷物ではありません。

❺ それは右側ではありません。

❻ それは派手ではありません。

❼ 市庁舎へ行くにはこの道ではありません。

組み立てのポイント

| 「これは…ではありません」 | + | 私の車 |

Das ist nicht **mein Auto.**
ダス イスト ニヒト　　　マイン アオト

これは私の車ではありません。

▼対話してみましょう！

この車はあなたのものですか？

Gehört das Auto Ihnen?
ゲヘールト ダス アオト イーネン

いいえ，これは私の車ではありません。

Nein, das ist nicht mein Auto.
ナイン ダス イスト ニヒト マイン アオト

---

❶ **Das ist nicht mein Handy.**
　ダス イスト ニヒト マイン ヘンディ

❷ **Das ist nicht für mich persönlich.**
　ダス イスト ニヒト フューア ミヒ ペルゼーンリヒ

❸ **Das ist nicht so scharf.**
　ダス イスト ニヒト ゾー シャルフ

❹ **Das ist nicht sein Gepäck.**
　ダス イスト ニヒト ザイン ゲペック

❺ **Das ist nicht auf der rechten Seite.**
　ダス イスト ニヒト アオフ デア レヒテン ザイテ

❻ **Das ist nicht auffällig.**
　ダス イスト ニヒト アウフフェリヒ

❼ **Das ist nicht die Straße zum Rathaus.**
　ダス イスト ニヒト ディ シュトラーセ ツム ラートハオス

43

「これ／あれは〜ですか？」

Ist das ~?
イスト　ダス

◆「これは〜ですか」と聞きたいとき

「これはドイツ製ですか？」とか「それは左側ですか？」というように，「これは〜ですか？」とたずねるときのパターンです。

語句を入れ替えて "とことん" レッスン！

❶ これはドイツ製品ですか？

❷ それは左側ですか？

❸ これはとても辛いですか？

❹ ミュラーさんのお宅ですか？

❺ それは高価ですか？

❻ それは美味しいですか？

❼ これはあなたの荷物ですか？

組み立てのポイント

| 「それは〜ですか？」 | + | 右側 |

Ist das
イスト ダス

auf der rechten Seite?
アオフ デア レヒテン ザイテ

それは右側ですか？

関連表現

市庁舎へ行くにはこの道でいいですか？

Ist das die Straße zum Rathaus?
イスト ダス ディ シュトラーセ ツム ラートハオス

博物館までいくらですか？

Was kostet es zum Museum?
ヴァス コステット エス ツム ムゼーウム

---

❶ **Ist das ein deutsches Produkt?**
イスト ダス アイン ドイチェス プロドゥクト

❷ **Ist das auf der linken Seite?**
イスト ダス アオフ デア リンケン ザイテ

❸ **Ist das sehr scharf?**
イスト ダス ゼーア シャルフ

❹ **Ist das Herrn Müllers Haus?**
イスト ダス ヘルン ミュラース ハオス

❺ **Ist das teuer?**
イスト ダス トイアー

❻ **Ist das lecker?**
イスト ダス レッカー

❼ **Ist das Ihr Gepäck?**
イスト ダス イーア ゲペック

44

CD 56

「これは〜すぎます」

Es ist zu ~.
エス　イスト　ツー

◆「〜すぎる」と言うとき

「派手すぎます」とか「地味すぎます」というように,「〜すぎる」と言うときのパターンです。

Es ist ~. は「これは〜です」, **zu** は「〜すぎる」とか「あまりに〜だ」という意味です。英語の too に相当します。

語句を入れ替えて "とことん" レッスン！

❶ 派手すぎます。

❷ 地味すぎます。

❸ 大きすぎます。

❹ 小さすぎます。

❺ 長すぎます。

❻ 短すぎます。

❼ きつすぎます。

組み立てのポイント

「これは〜すぎます」	＋	ゆるい
⬇		⬇
Es ist		**zu weit.**
エス イスト		ツー ヴァイト
		（試着をして）ゆるすぎます。

よく使う表現

これは高すぎます。
Es ist zu teuer.
エス イスト ツー トイアー

もっと安いチケットはありますか？
Haben Sie noch billigere Karten?
ハーベン ズィー ノッホ ビリゲレ カルテン

---

❶ **Es ist zu auffällig.**
　エス イスト ツー アオフフェリヒ

❷ **Es ist zu schlicht.**
　エス イスト ツー シュリヒト

❸ **Es ist zu groß.**
　エス イスト ツー グロース

❹ **Es ist zu klein.**
　エス イスト ツー クライン

❺ **Es ist zu lang.**
　エス イスト ツー ラング

❻ **Es ist zu kurz.**
　エス イスト ツー クルツ

❼ **Es ist zu eng.**
　エス イスト ツー エング

45

「私は～するのが好きです」

Ich + 動詞 + gern [gerne] ～.
イヒ　　　　　　　　　ゲルン　　　ゲルネ

◆趣味や好みのものについて語るとき

「生け花をするのが好きです」というように，「私は～するのが好きです」と言うときのパターンです。

gern は「好んで」という意味。**gern [gerne]** を動詞とともに使うと，「～するのが好きだ」という意味になります。**Ich** ＋動詞＋ **gern ～.** の形で，「私は～するのが好きです」ということを表現できます。

語句を入れ替えて "とことん" レッスン！

❶ 私はビールを飲むのが好きです。

❷ 私はサイクリングをするのが好きです。

❸ 私はサッカーをするのが好きです。

❹ 私は音楽を聴くのが好きです。

❺ 私は歌うのが好きです。

❻ 私は絵を描くのが好きです。

❼ 私は読書をするのが好きです。

組み立てのポイント

「私は〜するのが好きです」	+	テニス

Ich spiele gern
イヒ　シュピーレ　ゲルン

Tennis.
テニス

私はテニスをするのが好きです。

▼対話してみましょう！

何をするのが好きですか？

Was machen Sie gern?
ヴァス　マッヘン　ズィー　ゲルン

私は生け花をするのが好きです。

Ich mache gern Ikebana.
イヒ　マッヘ　ゲルン　イケバナ

---

❶ **Ich trinke gern Bier.**
　イヒ　トリンケ　ゲルン　ビーア

❷ **Ich fahre gern Rad.**
　イヒ　ファーレ　ゲルン　ラート

❸ **Ich spiele gern Fußball.**
　イヒ　シュピーレ　ゲルン　フースバル

❹ **Ich höre gern Musik.**
　イヒ　ヘーレ　ゲルン　ムズィーク

❺ **Ich singe gern.**
　イヒ　ズィンゲ　ゲルン

❻ **Ich male gern.**
　イヒ　マーレ　ゲルン

❼ **Ich lese gern.**
　イヒ　レーゼ　ゲルン

46

「～が好きですか？」

Mögen Sie ＋ 名詞？
メーゲン　　ズィー

◆相手に好き嫌いを聞くとき

　「フラメンコは好きですか？」というように，相手にそれが好きかどうかをたずねるときに使うパターンです。**Mögen Sie** の後ろには，名詞の形で"相手が好きかどうか"聞きたいことを入れます。

語句を入れ替えて"とことん"レッスン！

❶ 肉料理が好きですか？

❷ 赤ワインが好きですか？

❸ あなたはジャズが好きですか？

❹ このサッカーチームが好きですか？

❺ あなたは犬が好きですか？

❻ 小説は好きですか？

❼ この車は好きですか？

組み立てのポイント

「〜が好きですか？」 + ロック

↓ ↓

Mögen Sie **Rockmusik?**
メーゲン　ズィー　　ロックムズィーク

ロックが好きですか？

▼ 対話してみましょう！

コーヒーは好きですか？
Mögen Sie Kaffee?
メーゲン　ズィー　カフェ

大好きです。
Ja, sehr.
ヤー　ゼーア

---

❶ **Mögen Sie Fleisch?**
メーゲン　ズィー　フライシュ

❷ **Mögen Sie Rotwein?**
メーゲン　ズィー　ロートヴァイン

❸ **Mögen Sie Jazz?**
メーゲン　ズィー　ジェス

❹ **Mögen Sie die Fußballmannschaft?**
メーゲン　ズィー　ディー　　フースバルマンシャフト

❺ **Mögen Sie Hunde?**
メーゲン　ズィー　フンデ

❻ **Mögen Sie Romane?**
メーゲン　ズィー　ロマーネ

❼ **Mögen Sie das Auto?**
メーゲン　ズィー　ダス　アオト

47

「(一緒に)〜しましょうか?」

Wollen wir + [zusammen] ~?
ヴォレン　ヴィーア　　　　　ツザンメン

◆人を誘うの表現

「食事をしましょうか?」「少し休みましょうか?」と,「〜しましょうか?」と, 相手に同意を求め, 行為をうながします。英語の Let's 〜 にあたる表現です。**Wollen** は意志を表す助動詞です。

語句を入れ替えて "とことん" レッスン!

❶ 一緒に食事をしましょうか?

❷ 一緒にコンサートに行きましょうか?

❸ 少し休みましょうか?

❹ 劇場の前で会いましょうか?

❺ 一緒に映画を観に行きましょうか?

❻ 一緒に一杯飲みに行きましょうか?

❼ 一緒に写真を撮りましょうか?

組み立てのポイント

「〜しましょうか？」	＋	踊り
↓		↓
Wollen wir		**tanzen?**
ヴォレン ヴィーア		タンツェン

踊りませんか？

▼ 対話してみましょう！

カフェに入りませんか？
Wollen wir ins Café gehen?
ヴォレン　ヴィーア　インス　カフェー　ゲーエン

ええ，喜んで。
Ja, sehr gern.
ヤー　ゼーア　ゲルン

---

❶ **Wollen wir zusammen essen?**
ヴォレン　ヴィーア　ツザンメン　エッセン

❷ **Wollen wir zusammen ins Konzert gehen?**
ヴォレン　ヴィーア　ツザンメン　インス　コンツェルト　ゲーエン

❸ **Wollen wir eine kleine Pause machen?**
ヴォレン　ヴィーア　アイネ　クライネ　パオゼ　マッヘン

❹ **Wollen wir uns vor dem Theater treffen?**
ヴォレン　ヴィーア　ウンス　フォア　デム　テアーター　トレッフェン

❺ **Wollen wir zusammen ins Kino gehen?**
ヴォレン　ヴィーア　ツザンメン　インス　キーノ　ゲーエン

❻ **Wollen wir zusammen einen trinken gehen?**
ヴォレン　ヴィーア　ツザンメン　アイネン　トリンケン　ゲーエン

❼ **Wollen wir uns zusammen fotografieren lassen?**
ヴォレン　ヴィーア　ウンス　ツザンメン　フォトグラフィーレン　ラッセン

48

「…より〜のほうが好き」

Ich mag lieber ~ als ....
イヒ　　マーク　　リーバー　　アルス

CD 60

◆比較して言うとき

「…より〜のほうが好き」と比較して言うときの表現です。

mag（< **mögen**）は「好きである」という助動詞。

gern「好んで」という副詞の比較級と最上級は **lieber, am liebsten**。形容詞の比較級は原級に **-er** をつけ，最上級は原級に **-st** をつけるのが基本です。

語句を入れ替えて "とことん" レッスン！

❶ 私は緑より青が好きです。

❷ 私は肉より魚を食べるのが好きです。

❸ 私はパンよりご飯が好きです。

❹ 私はワインよりビールが好きです。

❺ 私は赤ワインより白ワインが好きです。

❻ 私は鶏肉より牛肉が好きです。

❼ 私はベートーヴェンよりモーツァルトが好きです。

組み立てのポイント

「…より〜のほうが好き」 + 紅茶よりコーヒー

Ich mag lieber イヒ マーク リーバー

Kaffee als Tee. カフェ アルス テー

私は紅茶よりコーヒーのほうが好きです。

最上級の用法　am 最上級 + en「最も〜」

ハンスは私たちのなかで一番年上だ

Hans ist am ältesten von uns.
ハンス イスト アム エルテステン フォン ウンス

原級 **alt**　比較級 **älter**　最上級 **ältest**　（年取った）

---

❶ **Ich mag lieber Blau als Grün.**
イヒ マーク リーバー ブラオ アルス グリューン

❷ **Ich mag lieber Fisch als Fleisch.**
イヒ マーク リーバー フィッシュ アルス フライシュ

❸ **Ich mag lieber Reis als Brot.**
イヒ マーク リーバー ライス アルス ブロート

❹ **Ich mag lieber Bier als Wein.**
イヒ マーク リーバー ビーア アルス ヴァイン

❺ **Ich mag lieber Weißwein als Rotwein.**
イヒ マーク リーバー ヴァイスヴァイン アルス ロートヴァイン

❻ **Ich mag lieber Rindfleisch als Hühnerfleisch.**
イヒ マーク リーバー リントフライシュ アルス ヒューナーフライシュ

❼ **Ich mag lieber Mozart als Beethoven.**
イヒ マーク リーバー モーツァルト アルス ベートホーフェン

49

症状や体の具合を表すとき

CD 61

Ich habe ~.
イヒ　　ハーベ

◆からだの状態・症状を表すとき

体の状態を表したいときには **Ich habe ~.** という言い方をします。**habe** は「持っている，体の状態が…である」を意味します。

「～が痛い」というときは **Ich habe** の後に **Zahnschmerzen**（歯痛）のように，「～痛」を置きます。**-schmerzen** が「痛み」を意味します。

語句を入れ替えて"とことん"レッスン！

❶ 不安です

❷ 下痢しています。

❸ おなかが痛いのですが。

❹ 歯が痛いのですが。

❺ 頭が痛いのですが。

❻ 熱があります。

❼ 手をけがしました。

組み立てのポイント

「体の状態が〜である」	+	食欲がない
↓		↓
Ich habe イヒ　ハーベ		**keinen Appetit.** カイネン　アペティート 食欲がありません。

関連表現

Ich fühle mich + 形容詞 〜. 「私は〜と感じる」
イヒ　フューレ　ミヒ

気分が悪いのですが。

Ich fühle mich unwohl.
イヒ　フューレ　ミヒ　ウンヴォール

---

❶ **Ich habe Angst.**
　イヒ　ハーベ　アングスト

❷ **Ich habe Durchfall.**
　イヒ　ハーベ　ドゥルヒファル

❸ **Ich habe Bauchschmerzen.**
　イヒ　ハーベ　バオホシュメルツェン

❹ **Ich habe Zahnschmerzen.**
　イヒ　ハーベ　ツァーンシュメルツェン

❺ **Ich habe Kopfschmerzen.**
　イヒ　ハーベ　コプフシュメルツェン

❻ **Ich habe Fieber.**
　イヒ　ハーベ　フィーバー

❼ **Ich habe mir die Hand verletzt.**
　イヒ　ハーベ　ミーア　ディー　ハント　フェアレッツト

50 「これが〜です」

Hier ist 〜.
ヒーア　イスト

◆相手の注意を引いて「ほらここに〜」と言うとき

「ほらここに〜があります」というように，「あるもの〈人・物・事〉」を示しながら説明するときの表現です。

hier は「ここに〈へ〉」という意味。**Hier ist 〜.** は英語の Here is 〜. に相当します。

Hier.「ここです」もよく使われます。

語句を入れ替えて"とことん"レッスン！

❶ これが手荷物引換証です。

❷ これが私の確認書です。

❸ こちらは 231 号室です。

❹ ここに汚れがあります。

❺ これが私の鍵です。

❻ これが 1 日券です。

❼ これが私のパスポートです。

組み立てのポイント

「これが〜です」	+	住所

Hier ist   **die Adresse.**
ヒーア イスト   ディー アドレッセ

これが住所です。

▼対話してみましょう！

私の荷物はどこでしょうか？
Wo ist mein Gepäck?
ヴォー イスト マイン ゲペック

ここにあなたの荷物があります。
Hier ist Ihr Gepäck.
ヒーア イスト イーア ゲペック

---

❶ **Hier ist** mein Gepäckschein.
　ヒーア イスト マイン ゲペックシャイン

❷ **Hier ist** meine Bestätigung.
　ヒーア イスト マイネ ベシュテーティグング

❸ **Hier ist** das Zimmer 231.
　ヒーア イスト ダス ツィンマー ツヴァイフンダート アイン ウント ドライスィヒ

❹ **Hier ist** ein Schmutzfleck.
　ヒーア イスト アイン シュムッツフレック

❺ **Hier ist** mein Schlüssel.
　ヒーア イスト マイン シュリュッセル

❻ **Hier ist** eine Tageskarte.
　ヒーア イスト アイネ ターゲスカルテ

❼ **Hier ist** mein Pass.
　ヒーア イスト マイン パス

51

「私は〜を探しています」

Ich suche 〜.
イヒ　ズーヘ

◆「探している」と伝えるときの表現

「（具体的な人・物・場所など）〜を探しています」と，ショッピングの場面などでよく使う表現です。また，「職を探す」というようにも使えるパターンです。

ドイツ語には現在進行形がなく，現在形で進行中のことを表現します。**Ich suche** は英語の I am looking for〜 に相当します。

語句を入れ替えて"とことん"レッスン！

❶ 私はネクタイを探しています。

❷ 私はおみやげを探しています。

❸ 私は赤いセーターを探しています。

❹ 私は病院を探しています。

❺ 私は観光案内所を探しています。

❻ 私はプレゼントを探しています。

❼ 私は市内の地図を探しています。

組み立てのポイント

| 「私は〜を探しています」 | + | 本 |

Ich suche
イヒ　ズーへ

ein Buch.
アイン　ブーフ

私はある本を探しています。

▼ 対話してみましょう!

いらっしゃいませ, 何かお探しですか？

Guten Tag. Kann ich Ihnen helfen?
グーテン　ターク　カン　イヒ　イーネン　ヘルフェン

バッグを探しています。

Ich suche eine Tasche.
イヒ　ズーへ　アイネ　タッシェ

---

❶ **Ich suche eine Krawatte.**
　イヒ　ズーへ　アイネ　クラヴァッテ

❷ **Ich suche ein Souvenir.**
　イヒ　ズーへ　アイン　スヴェニーア

❸ **Ich suche einen roten Pullover.**
　イヒ　ズーへ　アイネン　ローテン　プローヴァー

❹ **Ich suche ein Krankenhaus.**
　イヒ　ズーへ　アイン　クランケンハオス

❺ **Ich suche die Touristeninformation.**
　イヒ　ズーへ　ディー　トゥリステンインフォルマツィオーン

❻ **Ich suche Geschenke.**
　イヒ　ズーへ　ゲシェンケ

❼ **Ich suche einen Stadtplan.**
　イヒ　ズーへ　アイネン　シュタットプラーン

52

「何時何分です」

Es ist ~.
エス　イスト

◆時刻をたずねるときの表現

今何時ですか？
Wie spät ist es jetzt?
ヴィー　シュペート　イスト　エス　イェッツト

時刻については，時刻表などの公式の言い方を覚えておくのが簡単で実用的です。参考までに日常的な言い方もあげておきます。

語句を入れ替えて"とことん"レッスン！

❶ 2時45分です。　　　　　　　　　　　　※Viertel（4分の1）

❷ 3時10分です。

❸ 3時15分です。

❹ 3時30分です。

❺ 3時45分です。

❻ 3時55分です。

❼ 5時25分です。

組み立てのポイント

「〜です」	+	3時35分

Es ist
エス イスト

3 Uhr 35.
ドライ ウーア フュンフウンドライスィヒ

3時35分です。

▼対話してみましょう!

いつ会いましょうか？
Wann treffen wir uns?
ヴァン トレッフェン ヴィーア ウンス

5時にしようか？
Sagen wir, um 5 Uhr?
ザーゲン ヴィーア ウム フュンフ ウーア

---

❶ **Es ist 2 Uhr 45.** （3時の15分前） **Viertel vor 3**
エス イスト ツヴァイ ウーア フュンフウントフィルツィヒ　フィアテル フォーア ドライ

❷ **Es ist 3 Uhr 10.** （3時の10分後） **10 nach 3**
エス イスト ドライ ウーア ツェーン　ツェーン ナーハ ドライ

❸ **Es ist 3 Uhr 15.** （3時の15分後） **Viertel nach 3**
エス イスト ドライ ウーア フュンフツェーン　フィアテル ナーハ ドライ

❹ **Es ist 3 Uhr 30.** （4時の30分前） **halb 4**
エス イスト ドライ ウーア ドライスィヒ　ハルプ フィーア

❺ **Es ist 3 Uhr 45.** （4時の15分前） **Viertel vor 4**
エス イスト ドライ ウーア フュンフウントフィアツィヒ　フィアテル フォーア フィーア

❻ **Es ist 3 Uhr 55.** （4時の5分前） **5 vor 4**
エス イスト ドライ ウーア フュンフウントフュンフツィヒ　フュンフ フォーア フィーア

❼ **Es ist 5 Uhr 25.** （6時半の5分前） **5 vor halb 6**
エス イスト フュンフ ウーア フュンフウントツヴァンツィヒ　フュンフ フォーア ハルプ ゼクス

53

「(私は) 〜にします」

Ich nehme ~.
イヒ　　　ネーメ

◆何かを選ぶときや決めるとき

「それにします」とか「このハンドバッグにします」というように，何かを買うときやレストランで飲み物や食べ物を注文するときの表現です。

nehmen [ネーメン] は「選ぶ，決める」という意味。英語の take に相当する動詞です。

語句を入れ替えて "とことん" レッスン！

❶ それにします。

❷ このハンドバッグにします。

❸ この定食にします。

❹ このTシャツにします。

❺ オレンジジュースにします。

❻ 焼きソーセージにします。

❼ ウィーン風カツレツにします。

組み立てのポイント

| 「(私は) 〜にします」 | ＋ | このワイン |

Ich nehme
イヒ　　ネーメ

diesen Wein.
ディーゼン　　ヴァイン

私はこのワインにします。

▼ 対話してみましょう！

何にしましょうか？
Bitte schön?
ビッテ　　シェーン

コーヒーにします。
Ich nehme Kaffee.
イヒ　　ネーメ　　カフェ

---

❶ **Ich nehme das.**
　イヒ　　ネーメ　　ダス

❷ **Ich nehme diese Handtasche.**
　イヒ　　ネーメ　　ディーゼ　　ハントタッシェ

❸ **Ich nehme das Menü.**
　イヒ　　ネーメ　　ダス　　メニュー

❹ **Ich nehme dieses T-Shirt.**
　イヒ　　ネーメ　　ディーゼス　　ティーシャート

❺ **Ich nehme Orangensaft.**
　イヒ　　ネーメ　　オラーンジェンザフト

❻ **Ich nehme eine Bratwurst.**
　イヒ　　ネーメ　　アイネ　　ブラートヴルスト

❼ **Ich nehme ein Wiener Schnitzel.**
　イヒ　　ネーメ　　アイン　　ヴィーナー　　シュニッツェル

54

「〜をなくしました」「〜を置き忘れました」

Ich habe ~ verloren [liegen lassen].

イヒ　ハーベ　　フェアローレン　　リーゲン　　ラッセン

◆「なくした」「置き忘れた」と伝えるとき

　「パスポートをなくしました」とか「ハンドバックを置き忘れました」と伝えるときのパターンです。

◇「〜をなくしました」　　Ich habe ~ verloren.
◇「〜を置き忘れました」　Ich habe ~ liegen lassen.

語句を入れ替えて"とことん"レッスン！

❶ パスポートをなくしました。

❷ 切符をなくしました。

❸ スーツケースをなくしました。

❹ 携帯電話をなくしました。

❺ ハンドバッグを置き忘れました。

❻ ここにコンピュータを置き忘れました。

❼ ここにトラベラーズチェックを置き忘れました。

組み立てのポイント

「〜をなくしました」	+	手荷物引換証

Ich habe meinen Gepäckschein verloren.
イヒ　ハーベ　マイネン　ゲペックシャイン　フェアローレン

手荷物引換証をなくしてしまいました。

▼対話してみましょう!

カバンを置き忘れました。
Ich habe meine Tasche liegen lassen.
イヒ　ハーベ　マイネ　タッシェ　リーゲン　ラッセン

どんなカバンですか？
Wie sieht die Tasche aus?
ヴィー　ズィート　ディー　タッシュ　アオス

---

❶ **Ich habe meinen Pass verloren.**
イヒ　ハーベ　マイネン　パス　フェアローレン

❷ **Ich habe mein Ticket verloren.**
イヒ　ハーベ　マイン　ティケット　フェアローレン

❸ **Ich habe meinen Koffer verloren.**
イヒ　ハーベ　マイネン　コッファー　フェアローレン

❹ **Ich habe mein Handy verloren.**
イヒ　ハーベ　マイン　ヘンディ　フェアローレン

❺ **Ich habe meine Handtasche liegen lassen.**
イヒ　ハーベ　マイネ　ハントタッシェ　リーゲン　ラッセン

❻ **Ich habe hier meinen Computer liegen lassen.**
イヒ　ハーベ　ヒーア　マイネン　コンピューター　リーゲン　ラッセン

❼ **Ich habe hier meine Reiseschecks liegen lassen.**
イヒ　ハーベ　ヒーア　マイネ　ライゼシェックス　リーゲン　ラッセン

55

「私は〜だと思います」

Ich glaube, 〜.
イヒ　　グラオベ

◆自分の考えを述べるとき

「彼女は結婚していると思います」とか「私の子どもは喜ぶと思います」というように，自分の考えを述べるときのパターンが **Ich glaube, 〜.** です「私は思う」+「〜は…だ」と組み立てます。英語の I think に相当します。

語句を入れ替えて "とことん" レッスン！

❶ 彼は英語もできると思います。

❷ 彼は明日来ると思います。

❸ 彼女は今日来ないと思います。

❹ 彼女は結婚していると思います。

❺ 私の子どもは喜ぶと思います。

❻ こっちの方がいいと思います。

❼ ここで降りてはいけないと思います。

組み立てのポイント

| 「私は〜だと思う」 | + | 彼はまだ独身 |

Ich glaube, (イヒ グラオベ) **er ist noch ledig.** (エア イスト ノホ レーディヒ)

彼はまだ独身だと思います。

組み立て方の再チェック!

計算に間違いがあると思うのですが。

Ich glaube, die Rechnung stimmt nicht.
イヒ　グラオベ　ディー　レヒヌング　シュティムト　ニヒト
私　　思う　　　　　　　計算　　　　合う　　　　　ない

---

❶ **Ich glaube, er kann auch Englisch.**
　イヒ　グラオベ　エア　カン　アオホ　エングリッシュ

❷ **Ich glaube, er kommt morgen.**
　イヒ　グラオベ　エア　コムト　モルゲン

❸ **Ich glaube, sie kommt heute nicht.**
　イヒ　グラオベ　ズィー　コムト　ホイテ　ニヒト

❹ **Ich glaube, sie ist verheiratet.**
　イヒ　グラオベ　ズィー　イスト　フェアハイラーテット

❺ **Ich glaube, meine Kinder werden sich freuen.**
　イヒ　グラオベ　マイネ　キンダー　ヴェーアデン　ズィヒ　フロイエン

❻ **Ich glaube, das ist besser.**
　イヒ　グラオベ　ダス　イスト　ベッサー

❼ **Ich glaube, Sie dürfen hier nicht aussteigen.**
　イヒ　グラオベ　ズィー　デュルフェン　ヒーア　ニヒト　アオスシュタイゲン

Lektion 3

日常生活の基本ショートフレーズ

"とっさ"の場面で使える
シンプルなドイツ語会話表現！

【あいさつ】 CD 68

☐ ごきげんいかがですか？

Wie geht es Ihnen?
ヴィー　ゲート　エス　イーネン

☐ ありがとう，元気です。あなたはいかがですか？

Danke, mir geht es gut. Und Ihnen?
ダンケ　ミーア　ゲート　エス　グート　ウント　イーネン

☐ ありがとう，まあまあです。

Danke, es geht.
ダンケ　エス　ゲート

☐ おはようございます。

Guten Morgen!
グーテン　モルゲン

☐ こんにちは。

Guten Tag!
グーテン　ターク

☐ こんばんは。

Guten Abend!
グーテン　アーベント

□ おやすみなさい。

Gute Nacht!
グーテ　ナハト

□ さようなら。

Auf Wiedersehen!
アオフ　ヴィーダーゼーエン

□ お元気で！

Alles Gute!
アレス　グーテ

□ また会いましょう。

Sehen wir uns mal wieder!
ゼーエン　ヴィーア　ウンス　マール　ヴィーダー

□ よい１日を。

Einen schönen Tag!
アイネン　シェーネン　ターク

Schönen Tag noch!
シェーネン　ターク　ノッホ

□ よい週末を。

Schönes Wochenende!
シェーネス　ヴォッヘン エンデ

□ じゃあね。

Tschüs!
チュース

□ また明日。

Bis morgen!
ビス　　モルゲン

□ また月曜日に。

Bis Montag!
ビス　　モンターク

【感謝】

CD 69

□ どうもありがとう！

Danke schön!
ダンケ　　シェーン

□ あなたはとても親切ですね。

Sie sind sehr freundlich.
ズィー　ズィント　ゼーア　　フロイントリヒ

□ どういたしまして。

Bitte schön.
ビッテ　　シェーン

Keine Ursache.
カイネ　　ウーアザッヘ

□ ありがとう！

Danke!
ダンケ

☐ どうもありがとうございました。
Vielen Dank!
フィーレン　ダンク

☐ いろいろどうもありがとう。
Vielen Dank für alles!
フィーレン　ダンク　フューア　アレス

☐ どうもご親切に。
Das ist aber sehr nett.
ダス　イスト　アーバー　ゼーア　ネット

【謝る】　CD 70

☐ 遅くなってごめんなさい。
Entschuldigen Sie bitte die Verspätung!
エント**シュ**ルディゲン　**ズ**ィー　ビッテ　ディー　フェア**シュ**ペートゥング

☐ 気にしないでください。
Machen Sie sich keine Sorgen!
マッヘン　**ズ**ィー　**ズ**ィッヒ　**カ**イネ　**ゾ**ルゲン

☐ ごめんなさい。／すみません。
Verzeihung! / Entschuldigung!
フェア**ツ**ァイウング　エント**シュ**ルディグング

☐ かまいませんよ。／大丈夫ですよ。
Macht nichts. / Das macht nichts.
マハト　ニヒツ　ダス　マハト　ニヒツ

□ ごめんなさい。／すみません。

Entschuldigen Sie bitte!
エントシュルディゲン　ズィー　ビッテ

Verzeihen Sie bitte!
フェアツァイエン　ズィー　ビッテ

Entschuldigung! ⇒ 人を呼び止めるときにも使います。
エントシュルディグング

【肯定・否定】 CD 71

□ はい。

Ja.
ヤー

□ わかりました。

Alles klar. / In Ordnung.
アレス　クラー　　　イン　オルドヌング

□ いいえ。

Nein.
ナイン

【聞き返す】 CD 72

□ 何ですって？

Wie bitte? / Bitte?
ヴィー　ビッテ　　ビッテ

□ 本当ですか？

Ehrlich? / Wirklich?
エーアリヒ　　　ヴィルクリヒ

□ もう一度言っていただけますか？

Können Sie das noch einmal sagen?
ケンネン　ズィー　ダス　ノッホ　アインマール　ザーゲン

□ もっとゆっくり話していただけますか？

Können Sie etwas langsamer sprechen?
ケンネン　ズィー　エトヴァス　ラングザマー　シュプレッヒェン

【喜び，感動】 CD 73

□ うれしい。

Ich freue mich.
イヒ　フロイエ　ミヒ

□ すばらしい！

Wunderbar! / Fantastisch! / Sehr gut!
ヴンダーバール　　　ファンタスティッシュ　　　ゼーア　グート

□ すごい！

Toll! / Super!
トル　　ズーパー

【怒り，悲しみ】 CD 74

□ 残念！

Schade!
シャーデ

□ うんざりだ！

Es reicht mir!
エス　ライヒト　ミーア

169

□ 信じられない！
Unglaublich!
ウングラオブリヒ

□ たいへん！
Oje!
オイエー

□ 心配しないで。
Keine Sorge.
カイネ　ゾルゲ

□ 仕方がない。
Da kann man nichts machen.
ダー　カン　マン　ニヒツ　マッヘン

【お祝いのことば】　CD 75

□ おめでとう！
Ich gratuliere!
イヒ　グラトゥリーレ

Herzlichen Glückwunsch!
ヘルツリッヒェン　グリュックヴンシュ

□ お誕生日おめでとう！
Herzlichen Glückwunsch zum Geburtstag!
ヘルツリッヒェン　グリュックヴンシュ　ツム　ゲブーアツターク

□ ご結婚おめでとう！
Herzlichen Glückwunsch zur Hochzeit!
ヘルツリッヒェン　グリュックヴンシュ　ツア　ホーホツァイト

□ 明けましておめでとう！

Ein glückliches neues Jahr!
アイン　グリュックリヒェス　ノイエス　ヤール

【出会い・友だちづくり】　CD 76

□ どちらの出身ですか？（どちらからいらっしゃいましたか？）

Woher kommen Sie?
ヴォヘーア　コンメン　ズィー

□ 私は日本から来ました。

Ich komme aus Japan.
イヒ　コンメン　アオス　ヤーパン

□ お名前は何とおっしゃいますか？

Wie heißen Sie?
ヴィー　ハイセン　ズィー

□ 私の名前はタカハシ リカと言います。

Ich heiße Rika Takahashi.
イヒ　ハイセ　リカ　タカハシ

□ はじめまして。私はカーリンです。

Sehr erfreut. Ich bin Karin.
ゼーア　エアフロイト　イヒ　ビン　カーリン

□ あなたは日本人ですか？
Sind Sie Japanerin?
ズィント　ズィー　　　ヤパーネリン

⇒「男性」なら
Japaner [ヤパーナー]

□ はい, 私は日本人です。
Ja, ich bin Japanerin.
ヤー　イヒ　ビン　　ヤパーネリン

□ お会いできてうれしいです。
Ich freue mich, Sie kennenzulernen.
イヒ　　フロイエ　　ミヒ　　ズィー　　　ケネンツーレルネン

□ ちょっとお邪魔してもいいですか？
Darf ich Sie kurz stören?
ダルフ　イヒ　ズィー　クルツ　シュテーレン

□ ご一緒してもいいですか？
Darf ich mitgehen?
ダルフ　イヒ　　ミットゲーエン

□ あなたに質問してもいいですか？
Kann ich Sie etwas fragen?
カン　イヒ　ズィー　エトヴァス　　フラーゲン

□ お時間はありますか？
Haben Sie Zeit?
ハーベン　ズィー　ツァイト

□ はい, あります。
Ja, ich habe Zeit.
ヤー　イヒ　ハーベ　ツァイト

□ いいえ, ありません。

Nein, ich habe keine Zeit.
ナイン　イヒ　ハーベ　カイネ　ツァイト

□ 職業は何ですか？

Was sind Sie von Beruf?
ヴァス　ズィント　ズィー　フォン　ベルーフ

□ 私は会社員（女性）です。

Ich bin Angestellte. ⇒ 「男性会社員」なら
イヒ　ビン　アンゲシュテルテ　　**Angestellter** [アンゲシュテルター]

□ あなたは学生（女性）ですか？

Sind Sie Studentin?
ズィント　ズィー　シュトゥデンティン

□ はい, 私は学生です。

Ja, ich bin Studentin. ⇒ 「男子学生」なら
ヤー　イヒ　ビン　シュトゥデンティン　**Student** [シュトゥデント]

□ いいえ, 私は学生ではありません。

Nein, ich bin nicht Studentin.
ナイン　イヒ　ビン　ニヒト　シュトゥデンティン

□ いいえ, 私は会社員です。

Nein, ich bin Angestellte.
ナイン　イヒ　ビン　アンゲシュテルテ

□ 私は主婦です。

Ich bin Hausfrau.
イヒ　ビン　ハオスフラオ

☐ 私はエンジニアです。

Ich bin Ingenieurin.
イヒ　ビン　インジェニエーリン

⇒ 男性形は
Ingenieur ［インジェニ**エ**ーア］

☐ おいくつですか？

Wie alt sind Sie?
ヴィー　アルト　ズィント　ズィー

☐ 30歳です。

Ich bin 30 Jahre alt.
イヒ　ビン　ドライスィヒ　ヤーレ　アルト

☐ あなたの住所を教えてください。

Kann ich Ihre Adresse haben?
カン　イヒ　イーレ　アドレッセ　ハーベン

☐ あなたの電話番号を教えていただけますか？

Könnten Sie mir Ihre
ケンテン　ズィー　ミーア　イーレ

Telefonnummer geben?
テレフォーンヌンマー　ゲーベン

☐ あなたのメールアドレスを教えてください。

Kann ich Ihre E-Mail-Adresse haben?
カン　イヒ　イーレ　イーメイルアドレッセ　ハーベン

☐ 一緒に食事でもいかがですか？

Wollen wir zusammen essen?
ヴォレン　ヴィーア　ツザンメン　エッセン

□ いつ都合がいいですか？

Wann ist es Ihnen recht?
ヴァン　イスト　エス　イーネン　レヒト

□ いつ会いましょうか？

Wann treffen wir uns?
ヴァン　トレッフェン　ヴィーア　ウンス

□ 5時にしようか？

Sagen wir, um 5 Uhr?
ザーゲン　ヴィーア　ウム　フュンフ　ウーア

□ お会いできてうれしかったです。

Es hat mich sehr gefreut.
エス　ハット　ミヒ　ゼーア　ゲフロイト

□ どちらへいらっしゃるのですか？

Wohin fahren Sie?
ヴォーヒン　ファーレン　ズィー

□ これからベルリンに行きます。

Ich fahre jetzt nach Berlin.
イヒ　ファーレ　イェッツト　ナーハ　ベルリーン

□ ベルリンに行ってきました。

Ich bin nach Berlin gefahren.
イヒ　ビン　ナーハ　ベルリーン　ゲファーレン

☐ ドイツははじめてです。

Das ist mein erster Besuch
ダス　イスト　マイン　エーアスター　ベズーフ

in Deutschland.
イン　　ドイチュラント

☐ これはドイツ語で何というのですか？

Wie heißt das auf Deutsch?
ヴィー　ハイスト　ダス　アオフ　ドイチュ

☐ この単語はどう発音しますか？

Wie spricht man dieses Wort aus?
ヴィー　シュプリヒト　マン　ディーゼス　ヴォルト　アオス

Lektion 4

入れ替えて使えるドイツ語単語

「あ」

アイスバイン	**Eisbein** (n) アイスバイン
合図する	**winken** ヴィンケン
開いている	**offen** オッフェン
アイロン	**Bügeleisen** (n) ビューゲルアイゼン
会う、当たる	**treffen** トレッフェン
青い	**blau** ブラオ
赤ワイン	**Rotwein** (m) ロートヴァイン
赤ん坊	**Baby** (n) ベービ
赤い	**rot** ロート
空きの	**frei** フライ
秋	**Herbst** (m) ヘルプスト
悪臭を放つ	**stinken** シュティンケン
アクセサリー	**Schmuck** (m) シュムック
揚げた	**frittiert** フリティーアト
朝	**Morgen** (m) モルゲン
明日	**morgen** モルゲン
足	**Fuß** (m) フース
(…の)味がする	**schmecken** シュメッケン
アスパラガス	**Spargel** (m) シュパルゲル
アスピリン	**Aspirin** (n) アスピリーン
預かり金	**Kaution** (f) カウツィオーン
与える	**geben** ゲーベン
頭	**Kopf** (m) コプフ
アダプター	**Adapter** (m) アダプター
アップルジュース	**Apfelsaft** (m) アプフェルザフト
アップルパイ	**Apfeltorte** (f) アプフェルトルテ
暑い	**heiß** ハイス
宛先	**Adresse** (f) アドレッセ
甘い	**süß** ズュース
雨	**Regen** (m) レーゲン
洗う	**waschen** ヴァッシェン
嵐	**Sturm** (m) シュトゥルム
ある，いる	**sein** ザイン
歩き回る	**wandern** ヴァンデルン
アルコール類	**Alkohol** (m) アルコホール

アレルギー	**Allergie** (f) アレルギー		医者	**Arzt** (m) アーツト
案内係	**Empfangsdame** (f) エンプファングスダーメ		医者	**Doktor** (m) ドクトア
暗証番号	**Geheimnummer** (f) ゲハイムヌンマー		異常な	**außerordentlich** アオサーオルデントリヒ
案内所	**Informationszentrum** (n) インフォルマツィオーンスツェントゥルム		遺跡	**Ruine** (f) ルイーネ
案内	**Führung** (f) フューールング		忙しい	**beschäftigt** ベシェフティヒト
			痛み	**Schmerzen** (pl) シュメルツェン
「い」			イチゴ	**Erdbeere** (f) エアトベーレ
胃	**Magen** (m) マーゲン		市場	**Markt** (m) マルクト
イアリング	**Ohrringe** (pl) オーアリンゲ		一覧表	**Liste** (f) リステ
言う	**sagen** ザーゲン		一般的な	**allgemein** アルゲマイン
家	**Haus** (n) ハオス		いつ	**wann** ヴァン
イカ	**Tintenfisch** (m) ティンテンフィッシュ		糸	**Faden** (m) ファーデン
行き先	**Ziel** (n) ツィール		田舎	**Land** (n) ラント
(乗り物で)行く	**fahren** ファーレン		衣服	**Kleid** (n) クライト
行く	**gehen** ゲーエン		今	**jetzt** イェッツト
意見	**Meinung** (f) マイヌング		入口	**Eingang** (m) アインガング
池	**Teich** (m) タイヒ		入れ物	**Behälter** (m) ベヘルター
居酒屋	**Kneipe** (f) クナィペ		いろいろな	**verschieden** フェアシーデン
遺失物保管所	**Fundamt** (n) フントアムト			

179

色	**Farbe** (f) ファルベ		海	**Meer** (n) メーア
イワシ	**Sardine** (f) ザルディーネ		うるさい	**laut** ラオト
印刷物	**Drucksache** (f) ドルックザッヘ		うれしい	**froh** フロー
インフルエンザ	**Grippe** (f) グリッペ		運賃	**Fahrpreis** (m) ファール プライス
			運転手	**Fahrer** (m) ファーラー

「う」

			運転する	**fahren** ファーレン
ウール	**Wolle** (f) ヴォレ			
ウィーン風カツレツ	**Wiener Schnitzel** (n) ヴィーナー シュニッツェル			

「え」

ウイスキー	**Whiskey** (m) ヴィスキー		絵	**Bild** (n) ビルト
ウェイター	**Kellner** (m) ケルナー		エアコン	**Klimaanlage** (f) クリーマアンラーゲ
ウェイトレス	**Kellnerin** (f) ケルネリン		映画館	**Kino** (n) キーノ
受付	**Rezeption** (f) レツェプツィオーン		英語	**Englisch** (n) エングリッシュ
受取人	**Empfänger** (m) エンプフェンガー		駅	**Bahnhof** (m) バーンホーフ
受け取る,出迎える	**empfangen** エムプファンゲン		エネルギー	**Energie** (f) エネルギー
失う	**verlieren** フェアリーレン		絵はがき	**Ansichtskarte** (f) アンズィヒツカルテ
牛	**Rind** (n) リント		エビ	**Schrimps** (pl) シュリンプス
歌	**Lied** (n) リート		絵本	**Bilderbuch** (n) ビルダーブーフ
歌う	**singen** ズィンゲン		演劇, 劇場	**Theater** (n) テアーター
腕	**Arm** (m) アルム		エンジン	**Motor** (m) モートア

延期する	**verschieben** フェア**シ**ーベン		夫	**Ehemann** (m) エー**エ**マン
えんどう豆	**Erbsen** (pl) **エ**ルプセン		おつり	**Wechselgeld** (n) **ヴェ**クセルゲルト
			大人	**Erwachsene** (m)(f) エア**ヴァ**クセネ
「お」			オペラ	**Oper** (f) **オ**ーパー
オーバーヒート	**überhitzt** ユーバー**ヒ**ッツト		お土産	**Souvenir** (n) ズ**ヴェ**ニーア
追い立てる	**treiben** ト**ラ**イベン		重い	**schwer** シュ**ヴェ**ーア
往復切符	**Rückfahrkarte** (f) **リュ**ックファールカルテ		思う	**glauben** グ**ラ**オベン
往復航空券	**Rückflugticket** (n) **リュ**ックフルークティケット		お湯	**warmes Wasser** (n) **ヴァ**ルメス **ヴァ**ッサー
大きい	**groß** グ**ロ**ース		泳ぐ	**schwimmen** シュ**ヴィ**メン
お金を払う	**bezahlen** ベ**ツァ**ーレン		オリーブ油	**Olivenöl** (n) オ**リ**ーヴェンエール
屋上	**Dach** (n) **ダ**ッハ		降りる	**aussteigen** **ア**オスシュタイゲン
贈り物	**Geschenk** (n) ゲ**シェ**ンク		折る・折れる	**brechen** ブ**レ**ッヒェン
送る	**senden** **ゼ**ンデン		オレンジ	**Orange** (f) オ**ラ**ーンジェ
置く	**legen** **レ**ーゲン		オレンジジュース	**Orangensaft** (m) オ**ラ**ーンジェンザフト
起こる	**geschehen** ゲ**シェ**ーエン		音楽	**Musik** (f) ム**ズィ**ーク
教える	**lehren** **レ**ーレン		温泉	**Badeort** (m) **バ**ーデオルト
遅い	**spät** シュ**ペ**ート			
恐い	**furchtbar** **フ**ルヒトバー		**「か」**	
落ちる	**fallen** **ファ**レン		会社	**Firma** (f) **フィ**ルマ

階段	**Treppe** (f) トレッペ
回復，治癒	**Heilung** (f) ハイルング
カウンター	**Schalter** (m) シャルター
買う	**kaufen** カオフェン
香り	**Duft** (m) ドゥフト
顔	**Gesicht** (n) ゲズィヒト
価格	**Preis** (m) プライス
掛かっている	**hängen** ヘンゲン
輝く	**scheinen** シャイネン
カキ	**Auster** (f) アオスター
鍵	**Schlüssel** (m) シュリュッセル
獲得する	**gewinnen** ゲヴィンネン
確認書	**Bestätigung** (f) ベシュテーティグング
書く	**schreiben** シュライベン
傘	**Regenschirm** (m) レーゲンシルム
歌手	**Sänger** (m) ゼンガー
菓子	**Kuchen** (m) クーヘン
風邪	**Erkältung** (f) エアケルトゥング
風邪薬	**Medikament gegen Erkältung** メディカメント ゲーゲン エアケルトゥング
家族	**Familie** (f) ファミーリエ
片道切符	**einfache Fahrkarte** (f) アインファッヘ ファールカルテ
型	**Form** (f) フォルム
肩	**Schulter** (f) シュルター
カップ	**Tasse** (f) タッセ
カツレツ	**Kotelett** (n) コトレット
カニ	**Krebs** (m) クレープス
カバン	**Tasche** (f) タッシェ
カフス	**Manschette** (f) マンシェッテ
カブ	**Rübe** (f) リューベ
カボチャ	**Kürbis** (m) キュルビス
カミソリ	**Rasierapparat** (m) ラズィーア アパラート
紙	**Papier** (n) パピーア
カモ	**Ente** (f) エンテ
火曜日	**Dienstag** (m) ディーンスターク
辛い	**scharf** シャルフ

軽い	**leicht** ライヒト
カレイ	**Scholle** (f) ショレ
考える，思う	**denken** デンケン
環境	**Umwelt** (f) ウムヴェルト
観光案内所	**Touristeninformationsbüro** (n) トゥリステンインフォルマツィオーンスビュロー
観光バス	**Rundfahrtbus** (m) ルントファールトブス
観光	**Besichtigung** (f) ベズィヒティグング
感謝する	**danken** ダンケン
患者	**Patient** (m) パツィエント
感じる	**empfinden** エムプフィンデン
関節	**Gelenk** (n) ゲレンク
蚊	**Mücke** (f) ミュッケ
外国の	**ausländisch** アオスレンディッシュ
ガソリン	**Benzin** (n) ベンツィーン
眼科医	**Augenarzt** (m) アオゲンアールツト

「き」

木	**Baum** (m) バオム
キーホルダー	**Schlüsselhalter** (m) シュリュッセルハルター
黄色い	**gelb** ゲルプ
消える	**verschwinden** フェアシュヴィンデン
気温	**Temperatur** (f) テンペラトゥーア
危険	**Gefahr** (f) ゲファー
北	**Norden** (m) ノルデン
貴重品	**Wertsachen** (pl) ヴェルトザッヘン
切手	**Briefmarke** (f) ブリーフマルケ
切符売り場	**Kartenverkauf** (m) カルテンフェアカオフ
切符	**Fahrkarte** (f) ファールカルテ
きつい	**eng** エング
喫煙席	**Raucherplatz** (m) ラオハープラッツ
絹	**Seide** (f) ザイデ
記念切手	**Sonderbriefmarke** (f) ゾンダーブリーフマルケ
記念碑	**Monument** (n) モヌメント
昨日	**gestern** ゲスターン
キノコ	**Pilz** (m) ピルツ
希望	**Hoffnung** (f) ホフヌング

客	**Gast** (m) ガスト	禁煙席	**Nichtraucherplatz** (m) ニヒトラオハープラッツ
キャベツ	**Kohl** (m) コール	禁煙	**Rauchverbot** (n) ラオホフェアボート
キャンセル	**Annullierung** (f) アヌリールング	緊急の	**dringend** ドリンゲント
休暇	**Urlaub** (m) ウーアラオプ	金曜日	**Freitag** (m) フライターク
救急車	**Krankenwagen** (m) クランケンヴァーゲン	金	**Gold** (n) ゴルト
	Rettungswagen (m) レットゥングスヴァーゲン	牛肉	**Rindfleisch** (n) リントフライシュ
急行列車	**Schnellzug** (m) シュネルツーク	牛乳	**Milch** (f) ミルヒ
旧市街	**Altstadt** (f) アルトシュタット	銀行	**Bank** (f) バンク
休日	**Feiertag** (m) ファイアーターク	銀	**Silber** (n) ズィルバー
宮殿	**Palast** (m) パラスト	空港	**Flughafen** (m) フルークハーフェン
キュウリ	**Gurke** (f) グルケ	空席	**freier Platz** (m) フライアー プラッツ
教会	**Kirche** (f) キルヒェ	くさい	**stinken** シュティンケン
教師	**Lehrer** (m) レーラー	薬	**Medikament** (n) メディカメント
教授	**Professor** (m) プロフェッソア	果物	**Frucht** (f) フルフト
今日	**heute** ホイテ	口	**Mund** (m) ムント
許可	**Erlaubnis** (f) エアラウプニス	口紅	**Lippenstift** (m) リッペンシュティフト
切り傷	**Schnittwunde** (f) シュニットヴンデ	くつ	**Schuhe** (pl) シューエ
切る	**schneiden** シュナィデン	くつ下	**Socken** (pl) ゾッケン

国	**Land** (n) ラント		警察	**Polizei** (f) ポリツァイ	
首	**Nacken** (m) ナッケン		警察官	**Polizist** (m) ポリツィスト	
クモ	**Spinne** (f) シュピンネ		軽食（堂）	**Imbiss** (m) インビス	
曇った	**wolkig** ヴォルキヒ		携帯電話	**Handy** (n) ヘンディ	
クリーニング	**Reinigung** (f) ライニグング		怪我	**Verletzung** (f) フェアレッツング	
繰り返す	**wiederholen** ヴィーダーホーレン		化粧品	**Kosmetikartikel** (m) コスメーティクアルティーケル	
栗	**Kastanie** (f) カスターニエ		ケチャップ	**Ketchup** (m)(n) ケチャップ	
苦しむ	**leiden** ライデン		血圧	**Blutdruck** (m) ブルートドルック	
来る	**kommen** コンメン		血液型	**Blutgruppe** (f) ブルートグルッペ	
クレジットカード	**Kreditkarte** (f) クレディートカルテ		見学	**Besichtigung** (f) ベズィヒティグング	
クローク	**Garderobe** (f) ガルデローベ		健康な	**gesund** ゲズント	
黒い	**schwarz** シュヴァルツ		検査	**Untersuchung** (f) ウンターズーフング	
グレーの	**grau** グラオ		毛（織物）	**Wolle** (f) ヴォレ	
グレープフルーツ	**Grapefruit** (f) グレープフルーテ		芸術	**Kunst** (f) クンスト	
ケーキ	**Kuchen** (m) クーヘン		外科医	**Chirurg** (m) ヒルルク	
計画	**Plan** (m) プラーン		劇場	**Theater** (n) テアーター	
計画する	**planen** プラーネン		月経	**Menstruation** (f) メンストゥルアツィオーン	
警告する	**warnen** ヴァルネン		月曜日	**Montag** (m) モーンターク	

解熱剤	**Medikament gegen Fieber** メディカメント ゲーゲン フィーバー
下痢止め	**Medikament gegen Durchfall** メディカメント ゲーゲン ドゥルヒファル
下痢	**Durchfall** (m) ドゥルヒファル
現地時間	**Ortszeit** (f) オルツツァイト

「こ」

コート	**Mantel** (m) マンテル
コーヒー	**Kaffee** (m) カフェ
コーヒーセット	**Kaffeeservice** (n) カフェゼーアヴィス
コーラ	**Cola** (n) コーラ
公園	**Park** (m) パルク
航空券	**Flugticket** (n) フルークティケット
航空便	**Luftpost** (f) ルフトポスト
航空便で	**mit Luftpost** ミット ルフトポスト
交差点	**Kreuzung** (f) クロイツング
子牛肉	**Kalbfleisch** (n) カルプフライシュ
子牛のロースト	**Kalbsbraten** (m) カルプスブラーテン
香辛料	**Gewürz** (n) ゲヴュルツ
工場	**Fabrik** (f) ファブリーク
香水	**Parfüm** (n) パルフューム
高速道路	**Autobahn** (f) アオトバーン
紅茶	**Tee** (m) テー
公平	**Gerechtigkeit** (f) ゲレヒティヒカイト
国際線	**internationaler Luftverkehr** (m) インターナツィオナーラー ルフトフェアケーア
国際電話	**Auslandsgespräch** (n) アオスランツゲシュプレーヒ
国内線	**Binnenluftverkehr** (m) ビンネンルフトフェアケーア
こくのある	**gehaltvoll** ゲハルトフォル
こしょう	**Pfeffer** (m) プフェッファー
腰	**Hüfte** (f) ヒュフテ
国境	**Landesgrenze** (f) ランデスグレンツェ
骨折	**Knochenbruch** (m) クノッヒェンブルフ
小包	**Paket** (n) パケート
子羊肉	**Lammfleisch** (n) ラムフライシュ
コレクトコール	**R-Gespräch** (n) エルゲシュプレーヒ
転がる，回る	**rollen** ロレン

コンサート	**Konzert** (n) コン**ツェ**ルト		魚料理	**Fischgericht** (n) **フィ**ッシュゲリヒト	
コンサートホール	**Konzerthalle** (f) コン**ツェ**ルトハレ		サケ	**Lachs** (m) **ラ**クス	
コンパートメント	**Abteil** (m) アプ**タ**イル		叫ぶ	**schreien** シュ**ラ**イエン	
婚約者（男性）	**Verlobter** (m) フェア**ロ**ープター		酒	**Alkohol** (m) **ア**ルコホール	
婚約者（女性）	**Verlobte** (f) フェア**ロ**ープテ		支える、保つ	**halten** **ハ**ルテン	
紺の	**dunkelblau** **ドゥ**ンケルブラオ		差出人	**Absender** (m) **ア**プゼンダー	
午前	**Vormittag** (m) **フォ**ーアミッターク		査証	**Visum** (n) **ヴィ**ーズム	
ゴマ	**Sesam** (m) **ゼ**ーザム		サッカー	**Fußball** (m) **フ**ースバル	
ゴム	**Gummi** (n) **グ**ミ		撮影禁止	**Photographieren verboten!** フォトグラ**フィ**ーレン フェア**ボ**ーテン	
ゴルフ	**Golf** (n) **ゴ**ルフ		サテン	**Satin** (m) ザ**テ**ーン	
ゴルフ場	**Golfplatz** (m) **ゴ**ルフプラッツ		砂糖	**Zucker** (m) **ツ**ッカー	
「さ」			砂漠	**Wüste** (f) **ヴュ**ステ	
サーフィン	**Surfing** (n) **ゼ**ーアフィング		寒い	**kalt** **カ**ルト	
災害	**Unglück** (n) **ウ**ングリュック		サラダ	**Salat** (m) ザ**ラ**ート	
最近	**neulich** **ノ**イリヒ		触るな！	**Nicht berühren!** **ニ**ヒト ベ**リュ**ーレン	
最後の	**letzt** **レ**ッツト		産婦人科産	**Frauenarzt** (m) フラオエンアールツト	
最初の	**erst エ**ーアスト		座席	**Platz** (m) **プ**ラッツ	
財布	**Portemonnaie** (n) ポーテモ**ネ**ー		雑誌	**Zeitschrift** (f) **ツァ**イトシュリフト	

187

「し」

シートベルト	**Sicherheitsgurt** (m) ズィッヒャーハイツグルト
試合	**Spiel** (m) シュピール
塩	**Salz** (n) ザルツ
歯科医	**Zahnarzt** (m) ツァーンアールツト
時間	**Zeit** (f) ツァイト
至急	**dringend** ドリンゲント
静かに！	**Ruhe bitte!** ルーエ ビッテ
沈む	**sinken** ズィンケン
自然	**Natur** (f) ナトゥーア
舌平目	**Seezunge** (f) ゼーツンゲ
試着する	**anprobieren** アンプロビーレン
市庁舎	**Rathaus** (n) ラートハオス
市内観光	**Stadtrundfahrt** (f) シュタットルントファールト
知っている（体験して）	**kennen** ケンネン
知っている（一般的に）	**wissen** ヴィッセン
湿布	**Kompresse** (f) コンプレッセ
湿度	**Feuchtigkeit** (f) フォイヒティヒカイト
指定席	**reservierter Platz** (m) レゼルヴィーアター プラッツ
品物	**Ware** (f) ヴァーレ
死ぬ	**sterben** シュテルベン
支払う	**zahlen** ツァーレン
しぶい	**bitter** ビッター
姉妹	**Schwester** (f) シュヴェスター
島	**Insel** (f) インゼル
写真	**Photo** (n) フォート
シャツ	**Hemd** (n) ヘムト
シャワー	**Dusche** (f) ドゥッシェ
シャワー付き	**mit Dusche** ミット ドゥッシェ
シャンプー	**Shampoo** (n) シャンプー
宗教	**Religion** (f) レリギオーン
襲撃	**Überfall** (m) ユーバーファル
周遊	**Rundfahrt** (f) ルントファールト
修理	**Reparatur** (f) レパラトゥーア
週	**Woche** (f) ヴォッヘ
宿泊する	**übernachten** ユーバーナハテン

手術	**Operation** (f) オペラツィオーン	食器	**Geschirr** (n) ゲシル
出血	**Blutung** (f) ブルートゥング	しょっぱい	**salzig** ザルツィヒ
出発（空港で）	**Abflug** (m) アプフルーク	書店	**Buchhandlung** (f) ブーフハンドルング
出発時間	**Abflugszeit** (f) アプフルークスツァイト	処方箋	**Rezept** (n) レツェプト
出発ロビー	**Abflughalle** (f) アプフルークハレ	署名	**Unterschrift** (f) ウンターシュリフト
首都	**Hauptstadt** (f) ハウプトシュタット	使用中	**besetzt** ベゼッツト
趣味	**Hobby** (n) ホビー	尻	**Gesäß** (n) ゲゼース
証拠	**Beweis** (m) ベヴァイス	知る	**erfahren** エアファーレン
症状	**Symptom** (n) ズュンプトーム	白ソーセージ	**Weißwurst** (f) ヴァイスヴルスト
招待	**Einladung** (f) アインラードゥング	白ワイン	**Weiswein** (m) ヴァイス ヴァイン
消毒液	**Desinfektionsmittel** (n) デスインフェクツィオーンスミッテル	城	**Burg** (f) ブルク
小児科医	**Kinderarzt** (m) キンダーアールツト		**Schloss** (n) シュロス
証明書	**Papier** (n) パピーア	白い	**weiß** ヴァイス
食前酒	**Aperitif** (m) アペリティーフ	信号	**Ampel** (f) アンペル
食中毒	**Lebensmittelvergiftung** (f) レーベンスミッテルフェアギフトゥング	診察	**Untersuchung** (f) ウンターズーフング
食堂	**Speisesaal** (m) シュパイゼザール	審査	**Prüfung** (f) プリューフング
食欲	**Appetit** (m) アペティート	真珠	**Perle** (f) ペルレ
書籍	**Buch** (pl) ブーフ	親戚	**Verwandte** (m)(f) フェアヴァンテ

189

寝台車	**Schlafwagen** (m) シュ**ラ**ーフヴァーゲン		乗客	**Passagier** (m) パサ**ジ**ーァ
診断	**Diagnose** (f) ディアグ**ノ**ーゼ		錠剤	**Tablette** (f) タブ**レ**ッテ
慎重な	**vorsichtig** **フォ**アズィヒティヒ		助言する	**raten** **ラ**ーテン
新聞	**Zeitung** (f) **ツァ**イトゥング		じんましん	**Nesselausschlag** (m) **ネ**ッセルアウスシュラーク
ジーンズ	**Jeans** (pl) **ジ**ーンズ			

「す」

スーツ	**Anzug** (m) **ア**ンツーク
寺院	**Tempel** (m) **テ**ンペル
時間, 時刻	**Stunde** (f) シュ**トゥ**ンデ
スーツケース	**Koffer** (m) **コ**ッファー
時刻表	**Zeitplan** (m) **ツァ**イトプラン
スーパー	**Supermarkt** (m) **ズ**ーパーマルクト
事故	**Unfall** (m) **ウ**ンファル
スープ	**Suppe** (f) **ズ**ッペ
辞書	**Wörterbuch** (n) **ヴェ**ルターブーフ
水泳する	**schwimmen** シュ**ヴィ**ンメン
自転車	**Fahrrad** (n) **ファ**ールラート
水族館	**Aquarium** (n) アク**ヴァ**ーリウム
自動の	**automatisch** アオト**マ**ーティッシュ
睡眠	**Schlaf** (m) シュ**ラ**ーフ
持病の	**chronisch** ク**ロ**ーニッシュ
水曜日	**Mittwoch** (m) **ミ**ットヴォホ
事務所	**Büro** (n) ビュ**ロ**ー
スカート	**Rock** (m) **ロ**ック
地元の	**lokal** ロ**カ**ール
スカーフ	**Halstuch** (n) **ハ**ルストゥーフ
じゃがいも	**Kartoffel** (f) カル**ト**ッフェル
スキー	**Ski** (m) **シ**ー
ジャケット	**Jacke** (f) **ヤ**ッケ
スキーウェア	**Skianzug** (m) **シ**ーアンツーク
住所	**Adresse** (f) ア**ド**レッセ		少し	**ein wenig** **ア**イン **ヴェ**ーニヒ

勧める	**empfehlen** エムプフェーレン			
涼しい	**kühl** キュール		**「せ」**	
			セーター	**Pullover** (m) プローヴァー
スタジアム	**Stadium** (n) シュターディウム		正確な	**genau** ゲナオ
スチュワーデス	**Flugbegleiterin** (f) フルークベグライテリン		成功する	**gelingen** ゲリンゲン
スチュワード	**Flugbegleiter** (m) フルークベグライター		聖書	**Bibel** (f) ビーベル
すっぱい	**sauer** ザオアー		政治	**Politik** (f) ポリティーク
酢漬けのキャベツ	**Sauerkraut** (n) ザオアークラウト		制度	**System** (n) ズステーム
ストッキング	**Strumpfhose** (f) シュトルンプホーゼ		性別	**Geschlecht** (n) ゲシュレヒト
砂	**Sand** (m) ザント		生理用ナプキン	**Monatsbinde** (f) モーナツビンデ
スプーン	**Löffel** (m) レッフェル		世界	**Welt** (f) ヴェルト
スポーツ	**Sport** (m) シュポルト		せき	**Husten** (m) フーステン
スリ	**Taschendieb** (m) タッシェンディープ		石鹸	**Seife** (f) ザイフェ
する	**tun** トゥーン		説明書	**Anleitung** (f) アンライトゥング
する、作る	**machen** マッヘン		節約する	**sparen** シュパーレン
鋭い	**scharf** シャルフ		背中	**Rücken** (m) リュッケン
座っている	**sitzen** ズィッツェン		セロリ	**Sellerie** (m) ゼレリー
酢	**Essig** (m) エッスィヒ		洗剤	**Reinigungsmittel** (n) ライニグングスミッテル
ズボン	**Hose** (f) ホーゼ		戦争	**Krieg** (m) クリーク

全体の	**ganz** ガンツ		像(彫像／映像)	**Bild** (n) ビルト
洗濯	**Reinigung** (f) ライニグング			
洗濯物	**Wäsche** (f) ヴェッシェ		**「た」**	
			体温計	**Thermometer** (m) テルモメター
専門店	**Fachgeschäft** (n) ファハゲシェフト		大使館	**Botschaft** (f) ボートシャフト
線	**Linie** (f) リーニエ		体重	**Körpergewicht** (n) ケルパーゲヴィヒト
税関	**Zoll** (m) ツォル		台風	**Taifun** (m) タイフーン
税金	**Steuer** (f) シュトイアー		タイヤ	**Reifen** (m) ライフェン
前菜	**Vorspeise** (f) フォアシュパイゼ		タオル	**Handtuch** (n) ハントトゥーフ
			高い(位置)	**hoch** ホーホ
「そ」			タクシー	**Taxi** (n) タクスィ
草原	**Wiese** (f) ヴィーゼ		タクシー乗り場	**Taxistand** (m) タクスィシュタント
速達	**Eilpost** (f) アイル ポスト		竹	**Bambus** (m) バンブス
速度	**Geschwindigkeit** (f) ゲシュヴィンディヒカイト		立ち入り禁止	**Zutritt verboten!** ツートリット フェアボーテン
底	**Grund** (m) グルント		立っている	**stehen** シュテーエン
素材	**Stoff** (m) シュトフ		…発	**ab** アプ
空	**Himmel** (m) ヒンメル		谷	**Tal** (n) タール
それ	**es** エス		種	**Samen** (m) ザーメン
損害	**Schaden** (m) シャーデン		楽しい	**froh** フロー
象	**Elefant** (m) エレファント			

楽しむ	**genießen** ゲニーセン
頼む	**bitten** ビッテン
タバコ	**Zigarette** (f) ツィガレッテ
タバスコ	**Tabasco** (m) タバスコ
旅	**Reise** (f) ライゼ
食べる	**essen** エッセン
卵	**Ei** (n) アイ
タマネギ	**Zwiebel** (f) ツヴィーベル
誕生日	**Geburtstag** (m) ゲブーアツターク
ダース	**Dutzent** (n) ドゥツェント
大学	**Universität** (f) ウニヴェルズィテート
大聖堂	**Dom** (m) ドーム
大理石	**Marmor** (m) マルモア
誰か	**jemand** イェーマント
誰	**wer** ヴェーア
男性	**Mann** (m) マン
暖房	**Heizung** (f) ハイツング

「ち」

チーズ	**Käse** (m) ケーゼ
チーズの盛り合せ	**Käseplatte** (f) ケーゼプラッテ
チーズフォンデュー	**Käsefondue** (n) ケーゼフォンデュー
小さい	**klein** クライン
地下鉄	**U-Bahn** (f) ウーバーン
地球	**Erde** (f) エーアデ
チケット	**Karte** (f) カルテ
チケット売り場	**Kasse** (f) カッセ
父	**Vater** (m) ファーター
地方	**Land** (n) ラント
茶色い	**braun** ブラオン
着陸	**Landung** (f) ランドゥング
注意	**Vorsicht** (f) フォアズィヒト
中央駅	**Hauptbahnhof (Hbf)** (m) ハオプトバーンホーフ
駐車場	**Parkplatz** (m) パルクプラッツ
注射	**Spritze** (f) シュプリッツェ
朝食付き	**mit Frühstück** ミット フリューシュテュック

調味料	**Gewürz** (n) ゲヴュルツ		妻	**Ehefrau** (f) エーエフラウ
鎮痛剤	**Schmerzmittel** (n) シュメルツミッテル		積む	**laden** ラーデン
血	**Blut** (n) ブルート		冷たい	**kalt** カルト
			爪	**Nagel** (m) ナーゲル

「つ」

ツークシュピッツェ	**Zugspitze** (f) ツークシュピッツェ		釣りをする	**angeln** アンゲルン
ツアー	**Tour** (f) トゥーア		頭痛	**Kopfschmerzen** (pl) コプフシュメルツェン
ツアーガイド（男性）	**Tourleiter** (m) トゥーアライター			

「て」

ツアーガイド（女性）	**Tourleiterin** (f) トゥーアライテリン		庭園	**Garten** (m) ガルテン
通貨	**Währung** (f) ヴェールング		手紙	**Brief** (m) ブリーフ
通過	**Durchfahrt** (f) ドゥルヒファールト		手数料	**Gebühren** (pl) ゲビューレン
通路	**Durchgang** (m) ドゥルヒガング		テニス	**Tennis** (n) テニス
通路側の席	**Platz am Gang** プラッツ アム ガング		テニスコート	**Tennisplatz** (m) テニスプラッツ
つかむ	**greifen** グライフェン		テニスラケット	**Tennisschläger** (m) テニスシュレーガー
（暦の）月	**Monat** (m) モーナト		手荷物	**Handgepäck** (n) ハントゲペック
作る	**machen** マッヘン		手荷物預かり所	**Gepäckaufbewahrung** (f) ゲペック アウフベヴァールング
着く	**ankommen** アンコンメン		手袋	**Handschuhe** (pl) ハントシューエ
包み	**Packung** (f) パックング		テレビ	**Fernsehen** (n) フェルンゼーエン
綴り	**Buchstabierung** (f) ブーフシュタビールング			**Fernseher** (m) フェルンゼーアー

テレフォンカード	**Telefonkarte** (f) テレ**フォ**ーンカルテ			
			「と」	
手を貸す	**helfen** **ヘ**ルフェン		トイレ	**Toilette** (f) トア**レ**ッテ
天気	**Wetter** (n) **ヴェ**ッター		トイレットペーパー	**Toilettenpapier** (n) トア**レ**ッテンパピーア
天然の	**natürlich** ナ**テュ**ーアリッヒ		トイレ付き	**mit Toilette** ミット トア**レ**ッテ
展覧会	**Ausstellung** (f) **ア**オスシュテルング		とうがらし	**Peperoni** (f) ペペ**ロ**ーニ
手	**Hand** (f) **ハ**ント		陶磁器	**Keramik** (f) ケ**ラ**ーミク
出口	**Ausgang** (m) **ア**オスガング			**Porzellan** (n) ポルツェ**ラ**ーン
デザート	**Nachtisch** (m) **ナ**ーハティッシュ		搭乗ゲート	**Flugsteig** (m) フ**ルー**クシュタイク
	Dessert (n) デ**セ**ーア		搭乗手続きをする	**einchecken** **ア**インチェッケン
デパート	**Kaufhaus** (n) **カ**オフハオス		到着	**Ankunft** (f) **ア**ンクンフト
電気	**Strom** (m) シュト**ロ**ーム		到着時間	**Ankunftszeit** (f) **ア**ンクンフツツァイト
電車	**Zug** (m) **ツ**ーク		盗難	**Diebstahl** (m) **ディ**ープシュタール
電池	**Batterie** (f) バテ**リ**ー		トウモロコシ	**Mais** (m) **マ**イス
電話	**Telefon** (n) テレ**フォ**ーン		塔	**Turm** (m) **トゥ**ルム
電話で	**telefonisch** テレ**フォ**ーニッシュ		通り	**Straße** (f) シュト**ラ**ーセ
電話番号	**Telefonnummer** (f) テレ**フォ**ーンヌンマー		特別の	**speziell** シュペツィ**エ**ル
電話ボックス	**Telefonzelle** (f) テレ**フォ**ーンツェレ		登山	**Bergsteigen** (n) **ベ**ルクシュタイゲン
			図書館	**Bibliothek** (f) ビブリオ**テ**ーク

閉じる	**schließen** シュリーセン	道路地図	**Straßenkarte** (f) シュトラーセンカルテ
特急料金	**Zuschlag** (m) ツーシュラーク	土曜日	**Samstag** (m) ザムスターク
特急列車	**Intercity-Zug** (m) インタースィティツーク	ドライヤー	**Trockner** (m) トロックナー
	Intercity-Expresszug (m) インタースィティエクスプレスツーク	どれ	**welch** ヴェルヒ
とどまる	**bleiben** ブライベン	ドレス	**Kleid** (n) クライト
飛ぶ	**fliegen** フリーゲン	泥棒	**Dieb** (m) ディープ
トマト	**Tomate** (f) トマーテ	「な」	
トマトサラダ	**Tomatensalat** (m) トマーテン ザラート	内科医	**Internist** (m) インターニスト
トマトスープ	**Tomatensuppe** (f) トマーテンズッペ	ナイトクラブ	**Nachtklub** (m) ナハトクルプ
止まる	**stoppen** シュトッペン	ナイフ	**Messer** (n) メッサー
トラベラーズチェック	**Reisescheck** (m) ライゼシェック	内部	**Innenseite** (f) インネンザイテ
鳥肉	**Geflügel** (n) ゲフリューゲル	ナイロン	**Nylon** (n) ナイロン
取る	**nehmen** ネーメン	長い	**lang** ラング
トレーニングウエア	**Sportkleidung** (f) シュポルトクライドゥング	（台所の）流し	**Spülbecken** (n) シュピュールベッケン
トンネル	**Tunnel** (m) トゥンネル	眺め	**Aussicht** (f) アウスズィヒト
ドイツ鉄道	**Deutsche Bahn (DB)** (f) ドイチェ　バーン	流れる	**fließen** フリーセン
動物園	**Zoo** (m) ツォー	投げる	**werfen** ヴェルフェン
動物	**Tier** (n) ティーア	ナス	**Aubergine** (f) オベルジーネ

なぜ	**warum** ヴァル厶		西	**Westen** (m) ヴェステン
なぜなら	**denn** デン		日時	**Zeit** (f) ツァイト
夏	**Sommer** (m) ゾンマー		日曜日	**Sonntag** (m) ゾンターク
何もかも	**alles** アレス		〜になる	**werden** ヴェーアデン
何	**was** ヴァス		日本	**Japan** (n) ヤーパン
ナプキン	**Serviette** (f) ゼルヴィエッテ		日本語	**Japanisch** (n) ヤパーニッシュ
名前	**Name** (m) ナーメ		日本人(男性)	**Japaner** (m) ヤパーナー
生の	**roh** ロー		日本人(女性)	**Japanerin** (f) ヤパーネリン
涙	**Träne** (f) トレーネ		日本大使館	**japanische Botschaft** (f) ヤパーニッシェ ボートシャフト
波乗り	**Surfing** (n) ゼーアフィング		日本領事館	**japanisches Konsulat** (n) ヤパーニッシェス コンズラート
波	**Welle** (f) ヴェレ		荷物	**Gepäck** (n) ゲペック
縄	**Seil** (n) ザイル		入場	**Eintritt** (m) アイントリット
ナンバープレート	**Nummernschild** (n) ヌンマーンシルト		入場料	**Eintrittsgebühr** (f) アイントリッツゲビューア
			尿	**Urin** (m) ウリーン
「に」			妊娠	**Schwangerschaft** (f) シュヴァンガーシャフト
苦い	**bitter** ビッター		ニンジン	**Karotte** (f) カロッテ
肉	**Fleisch** (n) フライシュ		にんにく	**Knoblauch** (m) クノーブラオホ
肉料理	**Fleischgericht** (n) フライシュゲリヒト			
煮込んだ	**geschmort** ゲシュモールト			

「ぬ」

ぬいぐるみ	**Stofftier** (n) シュトフティーア

「ね」

ネクタイ	**Krawatte** (f) クラヴァッテ
ネクタイピン	**Krawattennadel** (f) クラヴァッテンナーデル
ネコ	**Katze** (f) カッツェ
ネズミ	**Ratte** (f) ラッテ
	Maus (f) マオス
値段	**Preis** (m) プライス
ネックレス	**Halskette** (f) ハルスケッテ
眠っている	**schlafen** シュラーフェン
ねんざ	**Verstauchung** (f) フェアシュタオフング
年齢	**Alter** (n) アルター

「の」

農場	**Bauernhof** (m) バオアァンホーフ
残り	**Rest** (m) レスト
のど	**Hals** (m) ハルス
上る, 昇る	**steigen** シュタイゲン
蚤の市	**Flohmarkt** (m) フローマルクト
飲み物	**Getränk** (n) ゲトレンク
飲む	**trinken** トリンケン
乗り換える	**umsteigen** ウムシュタイゲン
乗り込む	**einsteigen** アインシュタイゲン

「は」

肺炎	**Lungenentzündung** (f) ルンゲンエントツュンドゥング
配達	**Lieferung** (f) リーフェルング
ハエ	**Fliege** (f) フリーゲ
はがき	**Postkarte** (f) ポストカルテ
吐き気	**Ekel** (m) エーケル
博物館	**Museum** (n) ムゼーウム
走る	**laufen** ラォフェン
橋	**Brücke** (f) ブリュッケ
始める	**beginnen** ベギンネン
破損	**Schaden** (m) シャーデン
ハチミツ	**Honig** (m) ホーニヒ
発酵させた	**fermentiert** フェルメンティーアト

日本語	ドイツ語	日本語	ドイツ語
(ビザなどの)発行	**Ausstellung** (f) アウスシュテルング	グーラシュ (ハンガリー風ビーフシチュー)	**Gulasch** (n) グーラシュ
発進する	**starten** シュタルテン	犯罪	**Verbrechen** (n) フェアブレッヒェン
発音	**Aussprache** (f) アオスシュプラーヘ	ハンドバック	**Handtasche** (f) ハントタッシェ
発熱	**Fieber** (n) フィーバー	ハンドル	**Lenkrand** (n) レンクラート
話す	**reden / sprechen** レーデン　シュプレッヒェン	半日ツアー	**halbtägige Tour** (f) ハルプテーギゲ　トゥーア
花	**Blume** (f) ブルーメ	歯	**Zahn** (m) ツァーン
鼻	**Nase** (f) ナーゼ	場所	**Ort** (m) オルト
跳ねる	**springen** シュプリンゲン	バス(浴室)	**Bad** (n) バート
母	**Mutter** (f) ムッター	バス(乗りもの)	**Bus** (m) ブス
歯ブラシ	**Zahnbürste** (f) ツァーンビュルステ	バス停	**Bushaltestelle** (f) ブスハルテシュテレ
破片	**Bruchstück** (n) ブルフシュテュック	バス付き	**mit Bad** ミット バート
浜辺	**Strand** (m) シュトラント	バター	**Butter** (f) ブッター
ハム	**Schinken** (m) シンケン	罰金	**Bußgeld** (n) ブースゲルト
速い	**schnell** シュネル	バッグ	**Tasche** (f) タッシェ
腹	**Bauch** (m) バオホ	バッテリー	**Batterie** (f) バテリー
針	**Nadel** (f) ナーデル	バナナ	**Banane** (f) バナーネ
春	**Frühling** (m) フリューリング	バレー	**Ballett** (f) バレット
晴れた	**sonnig** ゾンニヒ	番号	**Nummer** (f) ヌンマー

199

バンドエイド	**Heftpflaster** (n) ヘフトプフラスター		飛行機	**Flugzeug** (n) フルークツォイク
パイナップル	**Ananas** (f) アナナス		日付	**Datum** (n) ダートゥム
パスポート	**Pass** (m) パス		避難	**Zuflucht** (f) ツーフルフト
	Reisepass ライゼパス		標識	**Schild** (n) シルト
パセリ	**Petersilie** (f) ペターズィーリエ		広場	**Platz** (m) プラッツ
パン	**Brot** (n) ブロート		品質	**Qualität** (f) クヴァリテート
パンク	**Reifenpanne** (f) ライフェンパンネ		火	**Feuer** (n) フォイアー
パンツ	**Unterhose** (f) ウンターホーゼ		ビール	**Bier** (n) ビーア
パンフレット	**Prospekt** (m) プロスペクト		ビザ	**Visum** (n) ヴィーズム
			美術館	**Kunstmuseum** (n) クンストムゼーウム

「ひ」

被害者	**Opfer** (n) オプファー		病院	**Krankenhaus** (n) クランケンハウス
日傘	**Sonnenschirm** (m) ゾンネンシルム		病気	**Krankheit** (f) クランクハイト
東	**Osten** (m) オステン		瓶	**Flasche** (f) フラッシェ
低い	**niedrig** ニードリヒ		便せん	**Briefpapier** (n) ブリーフパピーア
引く	**ziehen** ツィーエン		ピーマン	**Paprika** (m) パプリカ
膝	**Knie** (n) クニー		ピンクの	**rosa** ローザ
非常口	**Notausgang** (m) ノートアオスガング			
非常事, 緊急事	**Notfall** (m) ノートファル			

「ふ」

不安	**Angst** (f) アングスト

日本語	ドイツ語		日本語	ドイツ語
フィルム	**Film** (m) フィルム		ブラウス	**Bluse** (f) ブルーゼ
封筒	**Umschlag** (m) ウムシュラーク		ブランデー	**Branntwein** (m) ブラントヴァイン
笛	**Flöte** (f) フレーテ		ブランデンブルク門	**Brandenburger Tor** (n) ブランデンブルガー トーア
深い	**tief** ティーフ		ブレーキ	**Bremse** (f) ブレムゼ
袋	**Tüte** (f) テューテ		ブローチ	**Brosche** (f) ブロシェ
吹く	**blasen** ブラーゼン		ブロッコリー	**Brokkoli** (pl) ブロッコリ
服	**Kleidung** (f) クライドゥング		文化	**Kultur** (f) クルトゥーア
不足	**Mangel** (m) マンゲル		文房具店	**Schreibwarenladen** (m) シュライブヴァーレンラーデン
太い	**dick** ディック		プール	**Schwimmbad** (n) シュヴィムバート
船便で	**per Schiff** パー シフ		**「ヘ」**	
踏む	**treten** トレーテン		閉店の	**geschlossen** ゲシュロッセン
冬	**Winter** (m) ヴィンター		平凡な	**gewöhnlich** ゲヴェーンリッヒ
古い	**alt** アルト		ヘッドホーン	**Kopfhörer** (m) コプフヘーラー
風呂	**Bad** (n) バート		部屋	**Zimmer** (n) ツィンマー
噴水	**Brunnen** (m) ブルンネン		変更する	**ändern** エンダーン
分	**Minute** (f) ミヌーテ		ベーコン	**Speck** (m) シュペック
豚肉	**Schweinefleisch** (n) シュヴァイネフライシュ		ベージュの	**beige** ベージュ
ブドウ	**Trauben** (pl) トラオベン		ベスト	**Weste** (f) ヴェステ

便秘	**Verstopfung** (f) フェアシュトプフング
ペンション	**Pension** (f) ペンズィオーン

「ほ」

方角，方向	**Richtung** (f) リヒトゥング
包帯	**Binde** (f) ビンデ
ホウレンソウ	**Spinat** (m) シュピナート
保険	**Versicherung** (f) フェアズィッヒェルング
補償	**Entschädigung** (f) エントシェーディグング
ホテル	**Hotel** (n) ホテル
骨	**Knochen** (m) クノッヘン
本	**Buch** (n) ブーフ
本屋	**Buchhandlung** (f) ブーフハンドルング
妨害する	**hindern** ヒンデルン
ボタン	**Knopf** (m) クノップフ
墓地	**Friedhof** (m) フリートホーフ
ポーター	**Gepäckträger** (m) ゲペックトレーガー
ポスト	**Briefkasten** (m) ブリーフカステン

「ま」

迷子になる	**sich verlaufen** ズィヒ　フェアラオフェン
マイセン陶器	**Meißner Porzellan** (n) マイスナー　ポルツェラーン
枕	**Kopfkissen** (n) コプフキッセン
曲げる	**biegen** ビーゲン
まじめな	**ernst** エルンスト
マスタード	**Senf** (m) ゼンフ
間違い	**Fehler** (m) フェーラー
町	**Stadt** (f) シュタット
マッターホルン	**Matterhorn** (n) マッターホルン
祭り	**Fest** (n) フェスト
窓	**Fenster** (n) フェンスター
窓側の席	**Fensterplatz** (m) フェンスタープラッツ
マニキュア	**Nagellack** (m) ナーゲルラック
マラリア	**Malaria** (f) マラーリア
マンゴ	**Mango** (f) マンゴー
万年筆	**Füller** (m) フュラー

「み」

見える・見る	**sehen** ゼーエン
短い	**kurz** クルツ
水色の	**himmelblau** ヒンメルブラオ
湖	**See** (m) ゼー
水着	**Badeanzug** (m) バーデアンツーク
水	**Wasser** (n) ヴァッサー
店	**Geschäft** (n) ゲシェフト
道案内	**Wegweiser** (m) ヴェークヴァイザー
ミックスサラダ	**gemischter Salat** (m) ゲミッシュター ザラート
見つける	**finden** フィンデン
緑色の	**grün** グリューン
港	**Hafen** (m) ハーフェン
南	**Süden** (m) ズューデン
ミネラルウォーター	**Mineralwasser** (n) ミネラールヴァッサー
身分証明書	**Personalausweis** (m) ペルゾナールアオスヴァイス
耳	**Ohr** (n) オーア
身元	**Identität** (f) イデンティテート
みやげ	**Souvenir** (n) ズヴェニーア
土産物店	**Souvenirladen** (m) ズヴェニーアラーデン
民族	**Volk** (n) フォルク

「む」

向きを変える	**wenden** ヴェンデン
虫	**Insekt** (n) インゼクト
虫刺され	**Insektenstich** (m) インゼクテンシュティヒ
蒸した	**gedämpft** ゲデンプフト
虫歯	**ein fauler Zahn** (m) アイン ファオラー ツァーン
結ぶ	**binden** ビンデン
胸	**Brust** (f) ブルスト
紫の	**violett** ヴィオレット
村	**Dorf** (n) ドルフ
無料の	**frei** フライ

「め」

目	**Auge** (n) アオゲ
メインディッシュ	**Hauptgericht** (n) ハオプトゲリヒト
眼鏡	**Brille** (f) ブリレ

日本語	ドイツ語		日本語	ドイツ語
目薬	**Augentropfen** (m) アオゲントロプフェン		森	**Wald** (m) ヴァルト
目覚し時計	**Wecker** (m) ヴェッカー		門	**Tor** (n) トーア
目印	**Zeichen** (n) ツァイヒェン			

「や」

メロン	**Melone** (f) メローネ
免許証	**Führerschein** (m) フューラーシャイン
免税品	**zollfreie Waren** (pl) ツォルフライエ ヴァーレン
綿	**Baumwolle** (f) バウムヴォレ

焼いた	**gebacken** ゲバッケン
野球	**Baseball** (m) ベースボール
焼く	**braten** ブラーテン
やけど	**Brandwunde** (f) ブラントヴンデ
野菜	**Gemuse** (n) ゲミューゼ
野菜料理	**Gemüsegericht** (n) ゲミューゼゲリヒト
薬局	**Apotheke** (f) アポテーケ
山	**Berg** (m) ベルク

「も」

モーニングコール	**Weckdienst** (m) ヴェックディーンスト
毛布	**Decke** (f) デッケ
燃える	**brennen** ブレンネン
(旅の)目的地	**Reiseziel** (n) ライゼツィール
木曜日	**Donnerstag** (m) ドナースターク
持ち運ぶ	**tragen** トラーゲン
持っていく, 持ってくる	**bringen** ブリンゲン
持っている	**haben** ハーベン
桃	**Pfirsich** (m) プフィルズィヒ
模様	**Muster** (n) ムスター

「ゆ」

ユースホステル	**Jugendherberge** (f) ユーゲントヘアベアゲ
夕食	**Abendessen** (n) アーベントエッセン
友人(男性)	**Freund** (m) フロイント
友人(女性)	**Freundin** (f) フロインディン
優先	**Vorrang** (m) フォアラング
郵便(局)	**Post** (f) ポスト

郵便番号	**Postleitzahl** (f) ポストライト**ツ**ァール	予約済みの	**reserviert** レゼル**ヴ**ィーアト
有名な	**berühmt** ベ**リュ**ームト	夜	**Nacht** (f) **ナ**ハト
ゆでた	**gekocht** ゲ**コ**ホト		
指輪	**Ring** (m) **リ**ング	**「ら」**	
指	**Finger** (m) **フィ**ンガー	ライオン	**Löwe** (m) **レ**ーヴェ
ゆるい	**lose** **ロ**ーゼ	ライセンス	**Lizenz** (f) リ**ツェ**ンツ
		ラジオ	**Radio** (n) **ラ**ーディオ

「よ」		**「り」**	
ヨーロッパ	**Europa** (n) オイ**ロ**ーパ	利益	**Gewinn** (m) ゲ**ヴ**ィン
良い	**gut** **グ**ート	理解する	**verstehen** フェアシュ**テ**ーエン
洋なし	**Birne** (f) **ビ**ルネ	流行の	**modisch** **モ**ーディッシュ
羊肉	**Hammelfleisch** (n) **ハ**ンメルフライシュ	両替所	**Wechselstube** (f) **ヴェ**クセルシュトゥーベ
浴室	**Badezimmer** (n) **バ**ーデツィンマー	両替えする	**wechseln** **ヴェ**クセルン
横たわっている	**liegen** **リ**ーゲン	領収書	**Quittung** (f) ク**ヴ**ィットゥング
ヨット	**Jacht** (f) **ヤ**ハト	領事館	**Konsulat** (n) コンズ**ラ**ート
呼ぶ	**rufen** **ル**ーフェン	旅行代理店	**Reisebüro** (n) **ラ**イゼビュロー
読む	**lesen** **レ**ーゼン	旅行する	**reisen** **ラ**イゼン
予約	**Reservierung** (f) レゼル**ヴ**ィールング	リンゴ	**Apfel** (m) **ア**プフェル
予約する	**reservieren** レゼル**ヴ**ィーレン		

205

日本語	ドイツ語		日本語	ドイツ語
リンゴ酒	**Apfelwein** (m) アップフェルヴァイン		ロビー	**Empfangshalle** (f) エンプファングスハレ

「れ」

冷蔵庫	**Kühlschrank** (m) キュールシュランク		**「わ」**	
歴史	**Geschichte** (f) ゲシヒテ		ワイン	**Wein** (m) ヴァイン
レストラン	**Restaurant** (n) レストラーン		分ける	**scheiden** シャイデン
レタス	**Kopfsalat** (m) コプフザラート		忘れる	**vergessen** フェアゲッセン
列車	**Zug** (m) ツーク		割引	**Ermäßigung** (f) エアメースィグング
レモン	**Zitrone** (f) ツィトローネ		悪い	**schlecht** シュレヒト
連絡	**Kontakt** (m) コンタクト		ワンピース	**Kleid** (n) クライト

「ろ」

ローストポーク	**Schweinebraten** (m) シュヴァイネ ブラーテン

ブックデザイン	相田陽子（オセロ）
編集協力	音玄堂
編集担当	斎藤俊樹（三修社）

CD付　一瞬で伝えたいことが言い出せる
ドイツ語会話 55 の鉄則表現

2013 年 4 月 10 日　第 1 刷発行
2015 年 2 月 10 日　第 2 刷発行

編　者　─────三修社編集部

発行者　─────前田俊秀
発行所　─────株式会社三修社
　　　　　〒 150-0001　東京都渋谷区神宮前 2-2-22
　　　　　TEL 03-3405-4511　FAX 03-3405-4522
　　　　　振替 00190-9-72758
　　　　　http://www.sanshusha.co.jp/

印刷製本　─────壯光舎印刷株式会社
ＣＤ制作　─────高速録音株式会社

©2013 Printed in Japan
ISBN978-4-384-04291-7 C1084

〈日本複製権センター委託出版物〉
本書を無断で複写複製（コピー）することは，著作権法上の例外を除き，禁じられています。本書をコピーされる場合は，事前に日本複製権センター（JRRC）の許諾を受けてください。
JRRC〈http://www.jrrc.or.jp　email:info@jrrc.or.jp　Tel:03-3401-2382〉

最新の独和&和独辞典!

とにかく使いやすい学習独和のトップランナー

- 類書をはるかに上回る見出し語数約7万3500語
- 2009年版の新正書法(2006年発効の正書法に関する手直し)も取り入れ,従来の正書法も全面的に表記
- 大規模コーパスを活用した初の独和辞典
- ドイツ語圏をより理解するための図版と記事
- 充実した和独約1万3500語

アクセス独和辞典 第3版
編集責任 在間進(東京外国語大学名誉教授) 定価 本体 4,100 円+税
B6変型判上製函入2160ページ 2色刷 ISBN978-4-384-01234-7 C0584

ドイツ語を書こう・話そうとする日本人のための最も新しい和独辞典

- 最新語彙を多数収録
- 現代日本からドイツ語圏まで幅広くカバーする見出し語数約5万6000語
- 発信に役立つ用例8万7000

アクセス和独辞典
編集責任 在間進(東京外国語大学名誉教授) 定価 本体 5,400 円+税
B6変型判上製函入2072ページ ISBN978-4-384-04321-1 C0584

進化するメディアに対応したユビキタスディクショナリー(独和は音声あり)

- 独和 + 和独 カシオ電子辞書搭載
- 独和 iPhone/iPadアプリ App Storeにて発売中 (発売:物書堂)
- 独和 SHARP電子辞書〈Brain(ブレーン)版〉コンテンツ発売中

三修社 〒150-0001 東京都渋谷区神宮前 2-2-22　TEL.03-3405-4511
http://www.sanshusha.co.jp　FAX.03-3405-4522